CB133494

THAÍDE

30 ANOS MANDANDO A LETRA

Thaíde: 30 anos mandando a letra

Copyright © 2016 by Gilberto Kurita Yoshinaga
Copyright © 2016 by Novo Século Editora Ltda.

COORDENADOR EDITORIAL
Vitor Donofrio

AQUISIÇÕES
Cleber Vasconcelos

EDITORIAL
Giovanna Petrólio
João Paulo Putini
Nair Ferraz
Rebeca Lacerda

PREPARAÇÃO
Luiz Alberto Galdini

PROJETO GRÁFICO E DIAGRAMAÇÃO
Nair Ferraz

REVISÃO
Letícia Teófilo

CAPA
Equipe Novo Século

FOTO DE CAPA
Penna Prearo

Texto de acordo com as normas do Novo Acordo Ortográfico da Língua Portuguesa (1990), em vigor desde 1º de janeiro de 2009.

Dados Internacionais de Catalogação na Publicação (CIP)
Angélica Ilacqua CRB-8/7057

Thaíde: 30 anos mandando a letra / organização de Gilberto Yoshinaga.
Barueri, SP: Novo Século Editora, 2016.

1. Thaíde, 1967 - Autobiografia 2. Músicos - Biografia 3. Músicos de rap - Brasil - Biografia 1. Yoshinaga, Gilberto

16-0720 CDD-927

Índice para catálogo sistemático:
1. Músicos - Biografia 927

NOVO SÉCULO EDITORA LTDA.
Alameda Araguaia, 2190 – Bloco A – 11º andar – Conjunto 1111
CEP 06455-000 – Alphaville Industrial, Barueri – SP – Brasil
Tel.: (11) 3699-7107 | Fax: (11) 3699-7323
www.novoseculo.com.br | atendimento@novoseculo.com.br

ESTA OBRA É DEDICADA A
TODAS AS VÍTIMAS FÍSICAS
E MORAIS DO COTIDIANO
VIOLENTO, EM TODO O
TERRITÓRIO BRASILEIRO,
AO LONGO DOS ÚLTIMOS 516 ANOS.

FAIXAS

Prefácio 7
Introdução 9
1 "Consciência" 11
2 "Cláudio (Eu tive um sonho)" 15
3 "Corpo fechado" 19
4 "Homens da lei" 23
5 "Pobrema" 27
6 "Ritmo da vida" 31
7 "Hip-hop na veia" 35
8 "Luz negra" 39
9 "Noite" 45
10 "Algo vai mudar" 49
11 "Não seja tolo" 53
12 "Nada pode me parar" 59
13 "Brava gente" 63
14 "Soul do hip-hop" 69
15 "Parábola dos bichos" 75
16 "Mensagens pessoais" 79
17 "Afro-brasileiro" 85
18 "Sr. Tempo Bom" 89
19 "Malandragem dá um tempo" 95
20 "Mó treta" 101
21 "Desabafo de um homem pobre" 107
22 "Sem proceder" 113
23 "Apresento meu amigo" 117
24 "Siga seu caminho em paz" 121
25 "Sou negro d+ pra você" 127
26 "Caboclinho comum" 133
27 "Deus tá contigo" 137
28 "Não adianta" 143
29 "Respeito é pra quem?" 147
30 "Hip-hop puro" 151
Agradecimentos 156
Sobre o autor 159

"Em 2006 convidei Thaíde para participar da minha canção "Chacina", incluída no álbum *Reserva de alegria*. Sua participação foi primorosa, ele escreveu versos muito sintonizados com a ideia da música, que tratava de um assunto muito atual – o assassinato de jovens nas periferias do Brasil. Admiro os artistas que dedicam sua obra a ideias de transformação social, e Thaíde é um deles. Um filho da periferia que ensina à sociedade as virtudes de aprender a respeitar o camarada que está ao lado e a entender que, se ficar bom para um, tem de ficar bom para todos. Sinto-me muito honrado de poder expressar a admiração e o respeito que sinto por este poeta urbano."

Edvaldo Santana
– cantor e compositor brasileiro

PREFÁCIO

Manos, minas e monas: esses poetas que nascem na periferia são do barrocobeco, do balaçobelo, do barrocobaco. Com eles não tem currupaco-paco-paco nem outras papagaiadas. Sem papas na língua nem comédia com mídia. Neles a geografia ficou louca, pois atraíram o centro para as bordas e seus bardos reinventaram o antigo centro: resignifincados resignificando.

Descendentes de capoeiristas e repentistas, filhos de operários e diaristas, jovens negros b.boys e palradores sem paúra encararam a sorte bailarina e desafiaram a cidade madrasta. Má, drástica. Drasticamente má, exclusiva, excludente. Com o estado-mãe manifesto tão somente pelos escudos do batalhão de choque e o chumbo grosso dos meganhas em seus vários calibres. PM: pai e mãe no couro de manos e minas. A polícia já matou tanta poesia e tantos poetas por esses becos e vielas... E a ditadura nunca acabou para eles.

Mas sobreviveram a palavra afiada e a ginga no dizer e no dançar, no dizer pra não dançar. E com elas sobreviveu Thaíde. Talvez muito do que vicejou na cena do hip-hop brasileiro esteja vivo também por causa dele e seus parceiros pioneiros, na própria existência de seu corpo fechado e sua mente aberta como seu sorriso.

Poeta profundo e denso, intimamente ligado à vida de seu povo, talvez por vir da dança de rua trata com jogo de corpo as palavras que contam suas histórias. Nelas adivinhamos seu sorriso mordaz e seu humor. Ri, mesmo que com amargura muitas vezes, de si mesmo e suas desventuras, dos trutas e seus descaminhos, dos inimigos do povo e seus privilégios, do sistema e suas contradições.

Seu senso de humor o diferencia desde cedo na cena dos manos mais de cara fechada, marrentos. Não que ele não seja sério como eles. Ele o é. Mas é de sua natureza ser seguro o bastante para abrir-se ao riso, à dança que o colocou no mundo e às colaborações de mão dupla com artistas de outros estilos. Cada um, cada um. Ele e DJ Hum, seu parceiro de longa data, sempre reverenciaram o nordestino Nelson Triunfo e sua brasilidade desde as primeiras rodas da estação São Bento do metrô. Isso abriu o peito pro Brasil, para além da inegável influência da matriz norte-americana do rap. Isso o levou também a trocas estéticas com gentes do rock, da MPB, da música em geral. E isso, claro, desanuviou o ambiente e abriu caminhos até hoje percorridos pelas novíssimas gerações.

Seu texto é preciso – e necessário. Um cara que escreve "pobrema" juntando as palavras "pobre" e "problema" sabe o que está fazendo, sabe afiar a língua como um canivete malandro e sutil, uma lâmina com ânima própria, um universo particular e articulado que acende a luz negra da África-mãe nas quebradas daqui. É bonito se viver. Vida longa a Thaíde, poeta de seu povo que nada pode parar.

Chico César
– cantor, compositor, escritor e jornalista brasileiro

INTRODUÇÃO

Sou apaixonado pela cultura hip-hop desde 1988, quando tinha nove anos de idade e ouvi "Corpo fechado" pela primeira vez, em uma apresentação televisiva de Thaíde & DJ Hum, dupla que está entre os pioneiros do rap brasileiro. Desde então, estimo ter conhecido e escutado cerca de mil discos nacionais. Posso assegurar que muitas letras de rap me formaram/educaram e me municiaram das informações necessárias para enxergar um Brasil que não é mostrado nos cartões-postais nem nos meios de comunicação convencionais: o Brasil da miséria, das desigualdades sociais, do racismo e do total descaso com as periferias – uma herança dos séculos de colonização e escravatura.

Certamente, entre as letras de rap mais significativas e importantes que conheci, muitas foram escritas por Thaíde. Foi por meio de sua poesia que, em 1995, pela primeira vez na vida, ouvi falar sobre Zumbi dos Palmares, personagem que não aparecia nos livros de História que as escolas me mostravam. As letras de Thaíde também foram fundamentais para me fazer entender quão injustas são as condições de sobrevivência (e não de "vida") dos moradores de periferia – não por acaso, a maioria é formada por descendentes de seres humanos escravizados, herdeiros de uma "abolição" que nunca indenizou as vítimas desse cruel e vergonhoso período da História do Brasil.

Acredito também que, graças à poesia de Thaíde (e também de outros poetas do rap), não assimilei preconceitos que são muito comuns em famílias de origem japonesa, o que inclui a minha – contra negros e nordestinos, por exemplo. Aliás, a cultura hip-hop não só me salvou desses "valores" tortos, como também me estimulou a agir em sentido contrário a eles e interromper o que não merece ser perpetuado: em março de 2014, tive a honra de lançar a biografia de Nelson Triunfo, um dos pais da cultura hip-hop no Brasil, um pernambucano com sangue negro e muita atitude Black Power – aliás, a primeira vez que ouvi o nome dele também foi em uma música de Thaíde & DJ Hum.

Quando o próprio Thaíde me convidou para organizar este livro, minha primeira reação foi de felicidade. Não tenho como esconder que sou admirador de seu trabalho há quase 30 anos. Mas após essa empolgação senti certo receio de não corresponder a essa imensa responsabilidade, receio da grandeza e importância que esse registro representa para a cultura nacional. Afinal, assinar a obra comemorativa de um dos pioneiros do rap e da cultura hip-hop no Brasil não é apenas um mero trabalho: é uma missão.

Mais do que relacionar 30 letras de música que refletem diferentes momentos desses 30 anos da carreira de Thaíde, este livro se propôs a contextualizá-las e mostrar algumas histórias e curiosidades por trás dessas obras. Assim, podemos conhecer as diferentes circunstâncias, acontecimentos, experiências e reflexões que inspiraram a criação de cada uma dessas 30 poesias, selecionadas de um total de quase cem canções.

Não é exagero afirmar que essa relação de 30 poesias conta boa parte da história do Brasil, sobretudo sob o ponto de vista da periferia, da população pobre/oprimida e do povo afro-brasileiro. Mais que isso, elas também trazem denúncias sobre diversas injustiças e arbitrariedades; homenagens a mártires históricos, ao povo brasileiro e à cultura hip-hop; e mensagens de conscientização sociopolítica e de exaltação da cultura afro-brasileira e do orgulho negro, entre outras.

E essa história não se encerra aqui: seja na TV, no cinema, na música ou nas ruas de todo o Brasil por onde circula, mesmo aos 30 anos de trajetória artística, Thaíde continua mandando a letra!

Então... Vâmo que vâmo que a leitura não pode parar!

Gilberto Yoshinaga

1

"CONSCIÊNCIA"

(Álbum *Pergunte a quem conhece* - 1989)

"Consciência" não foi minha primeira composição, mas foi a primeira canção que gravei na vida. E devo muito disso a meus dois padrinhos artísticos, Nasi e André Jung, da banda Ira!, que me deram muita força e assinaram a produção musical.

Na época eu nem sabia escrever direito, tinha um vocabulário mais limitado e ainda estava aprendendo a fazer versos e encaixar as rimas. Por isso, me inspirei totalmente na levada dos Beastie Boys em "Paul revere". Se você comparar o jeito de cantar das duas músicas, vai ver que é praticamente a mesma coisa. Era o recurso que eu tinha na época e não me arrependo de nada. Foi assim que aprendi a rimar. Eu até gostava bastante de embolada, mas queria rimar no estilo do rap.

Quando escrevi "Consciência" eu era bem jovem, ainda meio irresponsável, e estava começando a descobrir o mundo, começando a refletir sobre a violência que eu tinha presenciado durante toda a minha criação na periferia e que continuava ao meu redor. Foi um momento em que comecei a ver que existem dois caminhos e que é preciso ter consciência para não ir pelo caminho errado.

Nessa letra eu me inspirei em muita coisa que vi na periferia, em camaradas que estavam entrando em caminhos errados, seja cheirando cola* ou abraçando a criminalidade. Mais do que uma "bronca", meu intuito foi passar uma mensagem de otimismo, de autoestima, de autoconfiança.

Nas primeiras apresentações ao vivo, antes mesmo de gravar qualquer disco, meu antigo parceiro Anderson dividia o microfone comigo nessa música, que é um diálogo sem refrão. Já na gravação que foi para o disco, quem fez essa participação foi o próprio Nasi. Eis aí outro fato raro e bem curioso: Nasi, um ícone do bom e velho rock nacional, cantando rap em uma das primeiras gravações do gênero no país. Isso é história!

CONSCIÊNCIA

(Autoria: Thaíde)

Tenho um camarada que vai cedo pro céu
E olha que eu tenho certeza que não sou eu
E se você quiser descobrir
Preste atenção no rap que eu fiz pra ti
Você diz que é esperto, lagartixa é mais
Ela sobe na parede, é coisa que você não faz
Também não pise na bola que ela pode estourar
Com o vapor que sai de dentro você pode se acabar

Você fala demais, você é vacilão
Você só dá mancada e não ajuda os irmãos

---

* Na época, o consumo de cola de sapateiro para se entorpecer era bastante comum entre os jovens, sobretudo os moradores de rua. Algo similar ao que representa o crack nos tempos atuais.

Vou dizer uma coisa que é pra você aprender
A mão que afaga também pode bater
Só estou dizendo isso porque gosto de você
Você é meu amigo, não posso te ver sofrer

E vou dizer uma coisa que o mais velho já dizia
Se conselho fosse bom, mas eu não dava, vendia
E faça como eu, ande sempre comportado
Aonde eu chegar, eu sou sempre bem chegado
Você já deu mancada com quase todo mundo
Você já deu mancada com o Mário e com o Raimundo
Você já deu mancada com o seu próprio pai
Quem confia uma vez não confia nunca mais

E você já deu mancada com seu próprio tio
Pediu dinheiro emprestado e se mandou para o Rio
Se eu fosse você, não dava nem um pio
Arrumava um dinheiro e saía do Brasil

Mas outro dia você veio pedir dinheiro pra mim
Como eu sou seu amigo, eu tive que dizer sim

Faça como eu, não bebo e não fumo
Meu pai e minha mãe de mim tem muito orgulho
Faça isso também e logo vai sentir
Que tudo facilmente você pode conseguir
Mas você pensa que eu não vi outro dia na escola?
Você com seus colegas cheirando muita cola
Enquanto você cheirava tinha uma mina olhando

Aposto quanto foi que a mina pensou
Como é que pode aquele rapagão
Com boa aparência e com aquilo na mão

-Ele é bonitinho, ele é um pão
Mas um rapaz fazendo aquilo não entra no meu coração

É, pode escrever isso, você vai se danar
Se você não olhar pra baixo, você pode tropeçar
Esses casos assim até já sei de cor
Quando olho pra você até me causa dó
Vou falar só uma coisa que dói em mim
Eu tive um camarada que morreu assim
Não me chamo Neguinho, eu vou dizer meu nome
Meu nome é Thaíde e só uso Puma e Pony
Compro com meu dinheiro e é caro demais
Mas é com meu dinheiro, não é dinheiro do meu pai
E quando me sobra um tempo eu sempre bato uma bola
Mas seu divertimento é sempre cheirar uma cola

Oh, meu Deus, eu não quero nem ver
Você vai ficar louco, você vai enlouquecer
Quando me lembro da Ana que é a sua ex
Você deixou aquela mina só pra enlouquecer de vez
Você não é muito certo, você é mais pra lá
Sua mente já está fraca de tanta droga tomar

Olhe, meu amigo, me faça um favor
Quero que pense bem no que seu amigo lhe falou

2

"CLÁUDIO (EU TIVE UM SONHO)"

(Álbum *Pergunte a quem conhece* - 1989)

Foi necessário um acontecimento trágico para que eu começasse a me descobrir como poeta de rua. "Cláudio (Eu tive um sonho)" foi minha primeira composição, a primeira letra completa que eu escrevi. Até então, eu só tinha feito uns esboços de rimas e trechos inacabados.

A inspiração surgiu de um fato muito triste e, infelizmente, corriqueiro para quem é de periferia: a perda de um amigo jovem assassinado a tiros.

Cláudio era um rapaz muito extrovertido que conheci na danceteria Archote. Nós dois frequentávamos o lugar para curtir, ouvir um som, e ele adorava ver a rapaziada dançar break. Inclusive foi lá que se formaram algumas das primeiras rodas antes da dança ir para as ruas de São Paulo.

Eu me lembro que o Cláudio fazia umas "fitas", era meio envolvido com a criminalidade. Ele vivia dizendo que um dia ainda ía me ajudar a lançar um disco, e que se tivesse grana na mão já teria feito isso.

Naquela época, 1986, não existia internet nem telefone celular. Era muito mais difícil manter contato com as pessoas, principalmente para quem não tinha linha telefônica em casa, como eu e o meu amigo. Então a maneira mais fácil de encontrar o Cláudio era indo à Archote.

Numa certa tarde, pois as festas eram realizadas nesse horário, fui lá com a esperança de rever meu amigo para podermos colocar o papo em dia. Mas o Cláudio não apareceu. Somente na semana seguinte chegou a triste notícia: descobri que nunca mais veria meu amigo porque ele tinha sido assassinado.

A letra de "Cláudio (Eu tive um sonho)" foi um desabafo pessoal que eu precisei colocar no papel, foi uma homenagem que eu escrevi sem a pretensão inicial de transformar em música. E ela acabou virando um dos clássicos de Thaíde & DJ Hum. Inclusive, anos depois o Marcelo D2 regravou essa música para homenagear um outro grande amigo dele, o Luís Antônio Skunk, fundador da banda Planet Hemp (o D2 colocou a música no seu álbum de estreia em carreira solo, *Eu tiro é onda*, de 1998).

CLÁUDIO (EU TIVE UM SONHO)

(Autoria: Thaíde)

Essa noite eu tive um sonho, um sonho diferente
Sonhei com um camarada que não vive mais com a gente
E no sonho ele me disse que o céu é muito quieto
Lá não tem break, não tem chão nem cara esperto
Eu aqui fico pensando, que na terra eu era forte
Todos me conheciam na São Bento ou na Archote
Eu até pensava em gravar um disco
Mas chegou uns camarada e pôs um fim em tudo isso
Mas eu vou ser um pouco atrevido
Vou fazer o céu ficar um tanto divertido
Ele virou as costas e foi todo agitado
Foi dizendo pros anjos:
"Vocês estão muito atrasados!"

Vou ensinar o costume do meu mundo esperto
Onde eu vivia com o peito e o coração sempre abertos
Tirem essas camisolas, veste um courão
Mete uma lupa na cara e usa Puma de solão
E tem também a gíria do ladrão
"E aí, maninho, como é que tá o meu irmão?"
E tem o estilo rap que é uma coisa e tanta
O estilo rap é assim que se canta!

E tem também uma dança diferente
Uma coisa alucinante que mexe com a gente
Depois de dizer aquilo, fizeram juramento
E os anjos gritaram:
"Queremos break violento!"

Estão dançando e já estão bons
E agora no céu todos fazem break de chão
Estão lutando de costas, ainda estão em treinamento
O mais esperto é Deus, que já faz moinho de vento
E vou dizer uma coisas, como se fosse piadinha
Ele me mostrou uma foto de Jesus de escovinha
Eu acordei depois de tudo isso
E do meu amigo muitas saudades eu sinto

Adeus, Cláudio! Nunca mais vou te esquecer
Deus que te ponha no lugar que merecer

"COMEÇO A SEGUNDA PARTE RELEMBRANDO UMA DAS MUITAS VEZES EM QUE FUI PRESO PELO "CRIME" DE DANÇAR EM VIA PÚBLICA."

3

"CORPO FECHADO"

(Álbum *Pergunte a quem conhece* - 1989)

Acredito que "Corpo fechado" disputa com "Sr. Tempo Bom" a posição de minha música 'número um', de grande clássico da minha carreira. Foi uma das primeiras canções que gravei e a que mais se destacou na coletânea *Hip-hop cultura de rua* (1988), disco que projetou Thaíde & DJ Hum para o Brasil e que inspirou muitas gerações de adeptos do hip-hop, ao longo de vários anos – aliás, continua a inspirar...

Devo muito desse sucesso ao já falecido amigo Marcos Tadeu Telesphoro. Ele foi um grande parceiro meu, não apenas nesta, como também em outras composições que ainda serão comentadas neste livro. Morador do Jardim Miriam, na zona Sul de São Paulo, era um amigo muito inteligente que, felizmente, gostava de colocar suas ideias no papel, escrevia muitos versos e poesias.

Telesphoro me entregou a primeira parte de "Corpo fechado" praticamente pronta, eu só dei uma lapidada. Logo de cara me identifiquei com o tema "Corpo fechado", por causa de minha formação no candomblé. Também gostei muito dos primeiros versos, achei eles bem pesados: "Me atire uma pedra que eu te atiro uma granada"! Logo vi que aquilo podia resultar em um rap muito bom.

Já estava tudo armado para gravarmos a música e a letra ainda estava incompleta. E eu a terminei de última hora, quando já estava a caminho do estúdio, em uns quarenta minutos que passaram voando dentro do ônibus. Começo a segunda parte relembrando uma das muitas vezes em que fui preso pelo "crime" de dançar em via pública. "Na quatro-três eu escrevi o meu nome numa cela (...)". Isso de fato aconteceu, mas faz tanto tempo que, na verdade, o nome que eu escrevi na cela foi Altair, e não Thaíde...

CORPO FECHADO

(Autoria: Marcos Tadeu Telesphoro/Thaíde)

Me atire uma pedra que eu te atiro uma granada
Se tocar em minha face sua vida está selada
Portanto, meu amigo, pense bem no que fará
Pois não sei se outra chance você terá
Você não sabe de onde eu vim e não sabe pra onde vou
Mas, pra sua informação, vou te falar quem eu sou
Meu nome é Thaíde e não tenho R.G.
Não tenho C.I.C., perdi a Profissional
Nasci numa favela de parto natural
Numa Sexta-feira cinco que chovia pra valer*
Os demônios me protegem e os deuses também
Ogum, Iemanjá e outros santos do além
Eu já te disse o meu nome, meu nome é Thaíde

* Aqui temos um lapso de Thaíde, que na verdade nasceu em um domingo – dia 5 de novembro de 1967.

Meu corpo é fechado e não aceita revide

(Refrão)
Thaíde

Na quatro-três eu escrevi o meu nome numa cela
Queimei um camburão que desce na favela
Em briga de rua já quebraram meu nariz
Não há nada nesta vida que eu já não fiz

Vivo nas ruas com minha liberdade
Fugi da escola com dez anos de idade
As ruas da cidade foram minha educação
A minha lei sempre foi a lei do cão

Não me arrependo de nada do que eu fiz
Saber que vou pro céu não me deixa feliz
Essa prece que tu rezas eu já muito rezei
E pro Deus que se confessas eu já muito me expliquei

(Refrão)
Thaíde

Tenho o coração mole, mas também sou vingativo
Portanto, pense bem se quer aprontar comigo
Se achas que esse neguinho sua bronca logo esquece
Então não perca tempo, pergunte a quem conhece
Eu só gosto de quem gosta de mim

Mas se for com meus amigos, eu luto até o fim
Se mexer com minha mãe, meu DJ ou minha mina
Você pode estar ciente: sua sorte está perdida
Pode demorar, mas sempre pago minhas contas
Também não sou louco pra dar soco em faca de ponta
Sempre cobro minhas contas com juros e correção
Dezesseis toneladas eu seguro numa mão
Não nasci loirinho com o olho verdinho
Sou caboclinho comum, nada bonitinho
Feio e esperto com a cara de mau
Mas graças a Deus, totalmente normal

(Refrão)
Thaíde
O meu nome é Thaíde

4

"HOMENS DA LEI"

(Coletânea *Hip-hop cultura de rua* - 1988)

Ao lado de "Corpo fechado", essa foi uma das duas músicas que gravei para a histórica coletânea *Hip-hop cultura de rua*. Essa letra também foi iniciada pelo Marcos Tadeu Telesphoro. Novamente, eu a adaptei e escrevi algumas partes complementares. Foi escrita em 1987 e gravada no ano seguinte.

Era uma época em que as letras ainda eram mais ingênuas e festivas, e é bom frisar não tenho nada contra essa proposta, que está na raiz da cultura hip-hop. Creio que "Homens da lei" foi o primeiro rap brasileiro a falar abertamente sobre a violência policial. Um tema bastante espinhoso e perigoso de se abordar – ainda mais se considerarmos que a ditadura militar tinha acabado fazia apenas dois anos. Se hoje ainda é complicado falar sobre o assunto, imagine como era naquela época!

Nesta letra quisemos denunciar as arbitrariedades e a violência policial que, infelizmente, todo morador de periferia conhece muito bem, principalmente os que têm a pele escura. Isso inclui os abusos praticados com a farda, mas também os que são feitos sem ela, na calada da noite ou da madrugada.

Desde aquela época já havia muitos justiceiros, "pés-de-pato", chacinas, execuções que não viravam notícia ou nem mesmo estatística. Pessoas simplesmente desapareciam e nada era investigado, e em muitos casos eram trabalhadores inocentes... sem contar os estudantes que eram contrários ao governo militar e também eram perseguidos, torturados e assassinados.

Uma coisa que me deixa um pouco incomodado ao rever esta letra é perceber que ela foi escrita há praticamente 30 anos e é bastante atual, nada mudou. A polícia continua sendo gentil nos bairros nobres e truculenta na periferia, muitos policiais ainda praticam inúmeros abusos e agressões, ou participam de grupos de extermínio. E inocentes, sobretudo os de pele escura, continuam desaparecendo ou sendo executados.

HOMENS DA LEI

(Autoria: Marcos Tadeu Telesphoro/Thaíde)

Cuidado povo de São Paulo, de Osasco e ABC
A polícia paulistana chegou para proteger
Policial é marginal e é essa a lei do cão
A polícia mata o povo e não vai para a prisão
São homens da lei, reis da zona Sul
Vestidos bonitinhos com seu traje azul*
Somem pessoas, onde enfiam eu não sei
E não podemos dizer nada, pois não somos da lei
Oh, meu Deus, quando vão notar
Que dar segurança não é apavorar
Agora, não posso mais sair na boa
Porque ela me para e me prende à toa
Não adianta dizer que ela está errada

* Na época, essa era a cor da farda dos policiais.

Pois a lei é surda, cega e mal interpretada
Tenho que me comportar e andar com juízo
Pois ela nunca está *aonde* eu preciso
Se eles me pegam, avise meu pai
Se saio dessa vivo, não morro nunca mais
Não sei se meu destino é mofar atrás das grades
Ou ter meu corpo achado em um riacho da cidade
O que grilou e eu não entendi
É se fazem tudo isso pra se divertir
E com sua boa imagem ela gasta boa grana
"São Paulo é um estado com muita segurança"
O povo todo ela aniquila
Faz o trabalho errado, mas nunca vacila
E não tem erro, não tem apelo
Cortam sua cabeça, arrancam os seus cabelos
Se você não for esperto, vai cair em sono eterno
Passar dessa para outra e ir arder no inferno
O sistema é assim e ninguém nunca me disse
Tropeça num presunto e esbarra em tolices
Você tem o rabo grande se escapar da morte
("Gritos na multidão")

Se eles são os tais, eu quero ser também
Ser mal-educado e não respeitar ninguém
Bater em qualquer jovem sem motivo nenhum
Andar em liberdade sem drama algum
Você tem o rabo grande se escapar da morte

Se ela nunca te parou, você tem sorte

A burguesia nos ensina a não ter medo da morte
Nessa terra de sujeira, sair vivo é sorte
Os homens da lei
Os homens da lei (são todos porcos)

5

"POBREMA"

(Álbum *Pergunte a quem conhece* - 1989)

Já tive que explicar muitas vezes: "Pobrema" não está errado, escrevi desta forma propositalmente. Não é necessário corrigir para "problema" porque a intenção foi essa mesma, escrever "pobrema"!

A minha ideia foi fazer uma brincadeira com as palavras: pobre só tem "pobrema" na vida. Foi um trocadilho que eu fiz de pobre com POBREza/ POBREma.

Eu me lembro de como essa música nasceu. Estávamos na casa do Nasi produzindo um instrumental para o primeiro álbum (*Pergunte a quem conhece*) e ouvindo uns discos. A batida que o Nasi e o André Jung tinham criado casou perfeitamente com "Papa don't take no mess", do James Brown, que o DJ Hum teve a ideia de sobrepor. Aí, já era: a inspiração veio fácil...

Nesta letra, falo da importância de cada um sempre acreditar na sua caminhada, ter convicção para chegar a algum lugar. Eu falo especificamente sobre o contexto artístico, mas a mensagem pode ser empregada para qualquer situação ou atividade profissional que você tiver. Para qualquer coisa que vá fazer na vida, é preciso insistir, acreditar, não desistir.

Na época, eu era um jovem bem marrento e também quis dar uma resposta para algumas pessoas que não acreditaram no nosso trabalho, que menosprezaram nosso talento. Pessoas que torceram contra ou até nos atrapalharam. É por isso que coloquei esses versos: "Onde chegávamos, batiam a porta em nossa cara/ (...) Hoje são eles que vêm ver nosso talento/ E sentir a força do nosso movimento".

POBREMA
(Autoria: Thaíde)

Agora que não temos nada
Eles falam pelas nossas costas
Quando estivermos a pampa
Certamente comerão nossas bostas
Quem nos humilhou hoje vem se humilhar
Dizendo: "Por favor, vocês vão nos perdoar"
Perdoamos, pois é a lei da natureza
Mas ficamos com um olho aberto e o outro fechado
Certamente só pra termos certeza
Fazemos isso porque somos filhos de Deus
E é essa educação que darei pros filhos meus
Se acham que somos palhaços e estão rindo de nós
Subam nesse palco e façam melhor
Não estamos aqui pra concorrer com ninguém
Pois a linha foi muito longa até a estação de trem
Onde chegávamos, batiam a porta em nossa cara
E diziam assim:
"E aí, cara, se manda! Sai fora, meu!"
Nós virávamos as costas e íamos embora

Hoje são eles que vêm ver nosso talento
E sentir a força do nosso movimento
E você que nos critica
Preste atenção no que eu vou falar
Se não podemos ajudar, não vamos atrapalhar

(Refrão)
Pobrema
Nós só temos pobrema

Pois agora acredita quem não acreditava
Nosso som tomando conta, invadindo sua casa
Demorou um pouco, mas estamos aqui
Fazendo o possível pra fazer você sorrir
Pois enquanto eles estão falando bostas
Estamos no chão fazendo giro de costas
Esta é a mensagem que acabamos de mandar
Se você não gostou, nos prove ao contrário
Não estamos dizendo que você é otário
Porque nossas palavras não ficam trancadas no armário
E isso é só o começo que você vai escutar
Agora como é que você vai me explicar
Se do começo ao fim não parou de dançar
Sabe por quê?
Porque somos Thaíde & DJ Hum, *the only one* detonando nos scratches

(Refrão)

"NÓS SOMOS RESPONSÁVEIS PELO QUE VIVEMOS, APRENDEMOS E ADOTAMOS COMO PRINCÍPIO. E O IMPORTANTE É NUNCA DESISTIR DIANTE DAS ADVERSIDADES."

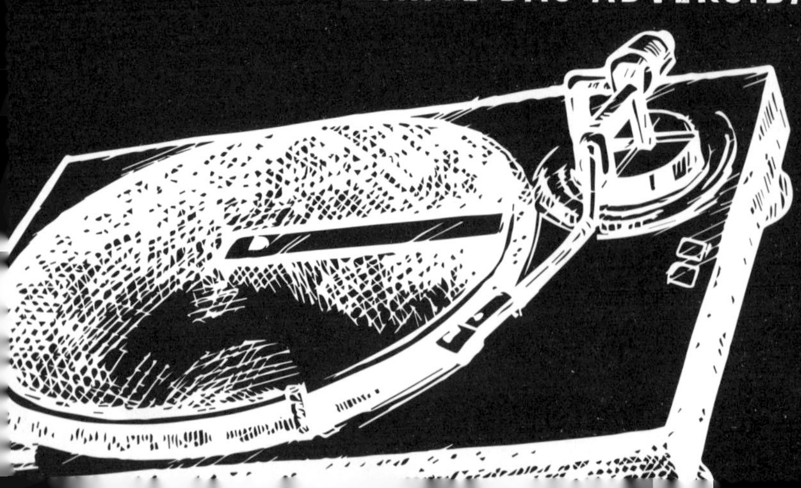

6

"RITMO DA VIDA"

(Álbum *Hip-hop na veia* - 1990)

Acredito que nessa fase, o segundo álbum de Thaíde & DJ Hum, eu já tinha me desenvolvido um pouco mais na poesia. Estava pegando o jeito de escrever coisas mais densas e menos ingênuas, versos mais bem elaborados. E aqui eu quis fazer uma espécie de cronologia, brincando com esse duplo sentido da palavra "ritmo": falo sobre o ritmo da vida usando o ritmo musical do rap.

Para compor essa letra eu me inspirei em muitos fatos verídicos que aconteceram comigo ou com pessoas próximas, familiares, amigos, conhecidos... É um amontoado de experiências vivenciadas no ambiente da periferia, da favela, das ruas, onde eu nasci e fui criado.

Há muitas coisas pessoais na letra. Ao longo dos versos, ano a ano, vou narrando praticamente toda a minha infância e adolescência, a minha formação de rua. Falo sobre muitas coisas que experimentei ou fiz – mas não continuei usando ou fazendo, é bom frisar isso.

Acredito que tudo o que fazemos na vida é um aprendizado, mesmo as coisas negativas. E não tenho vergonha disso. Por circunstâncias da vida, às vezes aprendemos algumas coisas da pior forma. Eu só quis contar e transmitir essas experiências que vivi. Quem sabe outras pessoas possam aprender sem que tenham de repetir os mesmos erros que eu?

Mas a principal mensagem que eu quis passar é que cada um conduz o ritmo de sua vida. Nós somos responsáveis pelo que vivemos, aprendemos e adotamos como princípio. E o importante é nunca desistir diante das adversidades, é prosseguir e acreditar sempre. Afinal, o ritmo da vida não pode parar!

RITMO DA VIDA
(Autoria: Thaíde/Marcos Tadeu Telesphoro)

(Refrão)
Só, pode crê
Sofri tanto que pensei que ia morrer

Com cinco anos eu brinquei de pega-pega
Correndo da polícia pelos becos da favela
Com sete descolei minha primeira bicicleta
De um burguês no parque do Ibirapuera
Com oito eu cheirei cola de sapateiro, não gostei do cheiro
Tiroteio, justiceiro, derradeiro momento da minha vida
E não quis continuar
Me ofereceram, também, erva e farinha
Mas eu achava que a vida era a melhor droga que eu tinha
Com dez anos o barbeiro rapou todo o meu cabelo
Por causa dos piolhos de um grupo escolar
Com onze descobri que não era nada perfeito

E que não tinha jeito de umas mina agradar
Mas o ritmo da vida não pode parar

(Refrão)

Com treze percebi que vivia na miséria
E que a coisa era mais séria do que eu imaginei
Aos quinze eu matei a minha cabra pra comer
E com dezoito não lembrava quantas cabras eu matei
Com vinte um chegado me jurou de morte, vê se pode
Ele morreu antes de me apagar
Aí eu descobri que era um cara de sorte
E, fora o farol da polícia, algo iria me iluminar
O ritmo da vida não pode parar
Algumas coisas esqueci e outras não contei
Agora eu já tenho a minha bela garota
Vou batalhar outras, e que se fodam vocês
Pergunte a quem conhece, mas não por perguntar
O ritmo da vida não pode parar

(Refrão)

“SE VOCÊ QUER
ESQUECER DESTA
VIDA CHEIA
ESQUEÇA E APLIQUE,
ENTÃO, HIP-HOP
NA VEIA.”

7

"HIP-HOP NA VEIA"

(Álbum *Hip-hop na veia* - 1990)

Durante muito tempo, nós, agentes da cultura hip-hop, sofremos muito preconceito e perseguição pelo simples fato de sermos jovens pobres, em sua maioria pretos. Uns diziam que nossa dança era coisa de vagabundos, que o rap era música de bandido e por aí seguiam os rótulos e ofensas. Hoje a coisa mudou bastante, muitas portas se abriram, mas mesmo assim ainda existe preconceito por parte de algumas pessoas e em alguns meios.

Uma das associações preconceituosas que ouvimos muito era com relação ao uso de drogas, sobretudo as drogas químicas. Não foram poucas as vezes em que vimos pessoas avessas ao hip-hop tentando nos desmoralizar com o argumento de que éramos "um bando de marginais drogados".

Mais uma vez, contei com a criatividade de meu parceiro Marcos Tadeu Telesphoro. Foi ele quem teve a ideia de brincar com essa questão e dizer que a nossa "droga" era a cultura hip-hop, que ela nos dá um grande "barato". E veio com um esboço dessa letra, sugerindo que o que nós injetamos na veia é o hip-hop. Eu a complementei e modifiquei algumas coisas, como em outras parcerias que fizemos.

A ideia de brincar com essa questão das drogas foi tão forte que "Hip-hop na veia" acabou dando título ao nosso segundo álbum, que foi lançado em 1990. E esse conceito foi até para a capa do trabalho, que traz a imagem de um toca-discos em que, no lugar de sua agulha original, há uma seringa.

De certa forma, para quem realmente entende e ama a cultura hip-hop, ela é viciante. Por isso coloco, entre os versos, que "Se entrar de cabeça, não há mais como parar". E eu sou uma prova viva disso: chego aos 30 anos de carreira e nunca deixei nem deixarei de ter muito hip-hop correndo em minhas veias!

HIP-HOP NA VEIA

(Autoria: Marcos Tadeu Telesphoro/Thaíde)

Não adianta escapar, tentar fugir
Pois eu sei que você não vai resistir
Eu tenho um troço doido pra você
Pega leve, meu irmão, pra não enlouquecer
Se entrar de cabeça, não há mais como parar
Pois é inevitável você provar
Pulsação alterada, batidas fortes e descompassadas
A sua viagem é uma porrada
Cheia de efeitos colaterais
Você não aguenta mais?
Então venha, venha!
Arregace as mangas e venha!

Como faz? Eu vou te ensinar
Como faz pra injetar?
Se você quer esquecer dessa vida cheia
Esqueça e aplique, então, hip-hop na veia
Até quando você vai se segurar
Sabendo que não há fuga desta teia?

(Refrão)
Se você quer esquecer desta vida cheia
Esqueça e aplique, então, hip-hop na veia

Não adianta se negar ou fugir
Não há lugar neste mundo onde você possa ir
Que vai te ajudar a se ver livre desse inevitável
Eu já disse a você que fugir é impossível
Sozinho não vai escapar
Se você entrou na chuva, agora é pra se molhar

Reze uma prece a Santo Antônio
Acenda uma vela a Deus e mais outra ao demônio
Até quando você vai se segurar
Sabendo que não há fuga desta dose de hormônio?
Você treme, baba
Sua pele, sua cor, sua alma está abalada
Não adianta você querer ser o que não é
Nem querer ser mais forte, pois mais forte não há
Você só sabe ouvir aquilo que você quer
Então ouça o conselho que eu vou lhe dar

(Refrão)
Se você quer esquecer desta vida cheia
Esqueça e aplique, então, hip-hop na veia

8

"LUZ NEGRA"

(Álbum *Hip-hop na veia* - 1990)

Esta letra tem uma curiosidade muito importante para o rap nacional, pois é o único registro de Thaíde & DJ Hum e Racionais MC's juntos. Neste caso, este importante grupo de rap está representado pelas participações de Edi Rock e KL Jay.

Foi uma música muito forte para a época. Ainda hoje a letra é bastante atual e impactante. O Edi Rock mandou muito bem nos versos, e o KL Jay não deixou para trás na sua performance. Outra curiosidade é que, para a parte dos scratches*, o KL Jay já tinha uma gravação em vinil em que o nome dele era falado, da coletânea *Consciência Black Vol. 1*. Então ele fez *scratch* usando seu próprio nome. Mas o DJ Hum ainda não tinha nenhum fraseado em vinil com o nome dele, e então decidiu utilizar o "Unity", do Afrika Bambaataa, que simbolizava bem aquela junção. Depois disso, no disco seguinte eu gravei uma letra minha em que dizia "DJ Hum faz scratch", só pra ele poder fazer seus riscos com o próprio nome.

Em minha vida pessoal, "Luz negra" também teve um papel pacificador muito importante. Essa canção ajudou a acabar com um desentendimento

---

* *Scratch* é o nome dado à técnica de discotecagem que consiste em intervir manualmente sobre um disco de vinil em execução, movimentando-o para frente e para trás, de modo a produzir um som de arranhadura.

que havia entre eu e o hoje falecido Cassius, da banda O Credo, que também tinha gravado duas faixas na coletânea *Hip-hop cultura de rua*. Ele vinha me atacando muito por causa do sucesso de "Corpo fechado", dizendo que eu e o DJ Hum estávamos fazendo musiquinha muito comercial, que tínhamos nos vendido e estávamos estragando a cultura, esse tipo de conversa... O clima realmente estava ruim entre nós.

Depois que ouviu "Luz negra", ele me procurou e falou: "Olha, me desculpa, eu tava enganado. Com esse som aí vi que você não perdeu a essência, isso aí é muito hip-hop. Agora vi que você não se vendeu, Thaíde. Se tinha algum problema entre nós, quero que isso seja passado".

E foi assim! Graças a "Luz negra", mais uma treta foi apaziguada na minha vida.

LUZ NEGRA
(Autoria: Thaíde/Edi Rock)

Na África existe uma irradiante luz negra
Que faz com que todos nós negros tenhamos certeza
Que um dia, dia a dia, seremos todos iguais
Isso não se apagará jamais
A luz do calabouço escuro irradia
De uma fria cela, de uma cela fria
E o povo negro ora todo dia o seu "Ave-Maria"
E seu povo miserável só nos vem com covardia
Na África existe uma luz negra que te cega inteiro
Que faz a gente esperar mais que um século inteiro

O dia em que todas as raças possam viver em paz
Sei que pra você tanto faz
Os espíritos guerreiros da luz hão de protestar
Enquanto tiverem forças para nos ajudar
O dia da nossa liberdade logo chegará
Não nos peçam perdão, não vamos perdoar
Você pensa que vai nos derrotar?
Mas não vai ser tão fácil como você pensa
Pois você só tem suas ideias desabençoadas
E nós temos a nossa crença
Não adianta você querer nos ignorar
Pois estamos com você todos os dias
Seja na negritude violenta da noite
Ou nas negras sombras do dia
Tô aqui falando coisas que você já tá careca de ouvir
Mesmo assim, me escute aqui
Quando nosso povo pelos nossos direitos se rebela
Somos enfrentados com armas de guerra
Quantos negros morreram e ainda vão morrer?
Pela ignorância de um certo poder
Que insiste, persiste em ver as coisas bem claras
Sendo que a morte é negra e ela não falha
DJ Hum...
KL Jay...
Edi Rock...

(Edi Rock e KL Jay)
Temos conhecimento da História
Por isso nós estamos aqui

(Edi Rock)
Há séculos e séculos estamos lutando
Por nossa dignidade, que nos é negada
Mas que nada, não vamos desistir tão facilmente
Eles não vão mudar a nossa mente
Hitler não era negro
E a bomba atômica também não foi feita por nós
Mesmo assim, somos perseguidos como marginais
Mas se isso pra você tanto faz
Somos negros, graças a Deus
Temos orgulho de nossa cor
Mesmo sendo tratados como plebeus
E aí, mano Thaíde, vamos acabar com essa história?

(Thaíde)
Vâmo que vâmo, tem que ser agora...

(Thaíde)
Morreremos na hora certa, isso ninguém nega
Mas na terra ficará a nossa voz
Disso nós temos certeza: a morte não nos persegue

(Edi Rock)
Ela é negra como nós

(Thaíde)
Você pensa que vai nos derrotar?
Mas não vai ser tão fácil como você pensa
Pois você só tem suas ideias desabençoadas
E nós temos a nossa crença

“O DIA É A AGONIA E A NOITE É A NAVALHA.”

9

"NOITE"

(Álbum *Humildade e coragem são nossas armas para lutar* - 1992)

Não por acaso, esta canção se tornou um clássico de Thaíde & DJ Hum e muitas pessoas se identificam demais com ela. Aqui, tive a honra de contar com dois parceiros de peso na composição da letra: Marcos Tadeu Telesphoro, mais uma vez; e o DJ e exímio b-boy* Alan Beat, do grupo de rap romântico Sampa Crew, que tem um papel muito importante na história da cultura hip-hop brasileira.

A noite é realmente um tema que rende muitos assuntos, sobretudo polêmicos ou relacionados ao submundo, a tudo o que é perigoso, ilegal, imoral ou mal aceito... É na noite que a violência aflora, as drogas vão fazendo a cabeça dos habitantes da cidade, os despachos são colocados nas encruzilhadas. Na noite, muitos morreram e muitos mataram. "O dia é a agonia e a noite é a navalha."

Mas a noite traz bons e maus fluidos, como digo no fim da canção. E ela sempre foi amiga dos negros: até cito que "ela protegeu Zumbi dos Palmares e a fuga dos escravos". Ao longo de toda a letra, há um pano de fundo romântico, sobre um casal que decide se arriscar em uma noite de tantos perigos para poder se encontrar.

---

* B-boy, ou boogie-boy, é o nome dado ao dançarino de break.

A música foi lançada em 1992, e acredito que foi uma das primeiras canções de amor do rap brasileiro com um refrão cantado em R&B (*Rhythm and Blues*), por uma mulher. E sua letra é atemporal, continua atual até hoje. Muitas pessoas dizem que é uma das poesias mais bonitas da minha carreira, porque ela trata a noite de uma maneira muito especial... e que só quem realmente vive a noite sabe e consegue entender!

NOITE

(Autoria: Marcos Tadeu Telesphoro/Alam Beat/Thaíde)

A Lua já ilumina a rua escura
E a verdade nua e crua é que a noite vem chegando
E os demônios saem de casa
Pois a noite é a brasa que eles estavam esperando
Despachos colocados em todas as encruzilhadas
Invocam os deuses, donos da madrugada
Violência, ignorância e outras drogas pesadas
Na noite vão fazendo a cabeça da moçada
Tiros nas ruas, sirenes, cães, viaturas
São o único som que *impera* nesse lugar
A morte e a sorte são cortes na noite escura
Reze por mim, pois eu não sei quando vou voltar
Meu amor, pense em mim, mas a noite é assim
Minha asa, minha casa, meu único lar
Pra você me achar na noite vai ser ruim
Vai ser difícil você me localizar

(Refrão)
Eu sei que a noite chegou
Não tema, meu amor
Não sei pra onde vou

A polícia persegue, persegue, mas não consegue encontrar
Os donos dessa imensa escuridão
A noite é minha navalha
À noite não há quem me pegue
De alma lavada, de farda ou de arma na mão
Pense em mim, meu amor, e na escuridão de onde estou
Vago por ruas vazias, esquinas sombrias
E ninguém sabe se o dia começou, se acabou
Eu só sei te dizer que a noite chegou
A noite sempre chega
Ela tarda, mas não falha
O dia é a agonia e a noite é a navalha
De noite, toda hora é hora de tomar cuidado
Porque na escuridão todos os gatos são pardos
As mães de família rezam pelos seus filhos
Que na noite morreram, mataram, correram, sumiram
Sempre há de haver escuridão onde houver luz
E no gueto nós temos que carregar esta cruz
A noite é das putas, pinguços, mendigos e loucos
E da polícia que faz justiça como quiser
Quem vive na noite não pensa como pensam os outros
Quem está na noite está pro que der e vier

(Refrão)

Venha, não há problema, não tema
A escuridão sempre foi amiga dos negros
Ela protegeu Zumbi e a fuga dos escravos
Venha, não tenha medo, eu estou do seu lado
Anote o meu recado, pois eu sei que estou certo
Fique sossegada, estarei sempre por perto
Daqui da terra, a Lua parece ser tão fria
O dia já era e a noite não termina
Vago por ruas vazias, esquinas sombrias
Eu não sei quem me chamou
Eu só sei dizer, meu bem, que a noite chegou
A noite chegou

(Refrão)

(Fala)
A noite, quando chega, ela traz bons e maus fluidos
Mas eu acho uma besteira se preocupar com isso
Porque, ainda assim, impera a poesia

10

"ALGO VAI MUDAR"

(Álbum *Humildade e coragem são nossas armas para lutar* - 1992)

Nos primeiros anos da década de 1990, o rap de São Paulo começou a se politizar bastante. Começamos a absorver inúmeras informações sobre conscientização e assuntos sociais e políticos. Por isso, muitas músicas da época refletem esse período em que deixamos um pouco de lado os temas mais festivos do início e passamos a fazer verdadeiros discursos de militância por meio da música.

"Algo vai mudar" segue essa linha e foi outra das muitas letras assinadas junto com meu saudoso parceiro Marcos Tadeu Telesphoro. Mais uma vez, ele iniciou a letra com uma ideia central e eu a concluí. É uma poesia que retrata bem o contexto político da época e faz questionamentos que, infelizmente, ainda são muito atuais, principalmente sobre a condição vivida pelos negros no Brasil. "Quantos modelos negros temos em capas de revista?", "Quantos negros representam o povo no Congresso?", "E na bandeira, o que seria Ordem e Progresso?", e por aí vai...

Estudei apenas até a terceira série do ensino fundamental e não sou exemplo por isso. Meu incentivo é para que as crianças e jovens estudem o máximo que puderem. E estudar não se restringe à escola: o principal, mesmo, é que se conscientizem da importância de se manterem bem informadas sobre tudo. Por isso, é essencial que adquiram o hábito da leitura, perguntem bastante e sempre busquem segundas ou terceiras versões sobre os assuntos que pesquisarem.

Apesar de ter estudado pouco em escola formal, sempre gostei de ler. Desde pequeno eu lia muitos gibis, livros de História, poesias, ficção... até bula de remédio! Isso me permitiu alimentar minhas letras com muitas informações e reflexões, como é o caso de "Algo vai mudar". Também sou muito curioso, gosto de fazer perguntas, aprender e entender coisas novas.

No dia a dia, a informação é uma arma muito poderosa para que nossos deveres não fiquem acima de nossos direitos e para que não sejamos tratados de forma subumana. No dia em que o povo brasileiro tiver noção dessa força, e tenho essa esperança, certamente *algo vai mudar* para melhor neste país!

ALGO VAI MUDAR
(Autoria: Marcos Tadeu Telesphoro/Thaíde)

(Refrão)
Algo vai mudar, custe o que custar
Temos a esperança que algo vai mudar

Somos conduzidos pela verdade, não é nada pessoal
Nossa língua é uma navalha, doa a quem doer
Falar somente a verdade é nosso único mal
Mandamos a mensagem, a consciência é você
Cem anos na História sendo a História submundo
Intitulados, rotulados de ladrões e vagabundos
Sem respeito nem direitos na sociedade

Chegou a hora de mudar essa realidade
Apesar de vários irmãos não terem noção
Que não podemos ser vítimas dessa situação
Seremos chamados de agitadores com certeza
Além da nossa violência ser uma autodefesa

(Refrão)
O lado falso, racista, é muito interesseiro
Só pensa em sua imagem, na fama e dinheiro
Se você é pobre, você é discriminado
Mas se você tem dinheiro, tem a cor que quiser
Pois o Brasil é uma segunda África do Sul
Só que o racismo por aqui é bem mais covarde
Todos vivem juntos negando pequenas diferenças
Mas a coisa é parecida com o regime do Apartheid
E essa dura violência da discriminação
Nos tiram a estrutura, nos tiram os pés do chão
E mesmo assim alguns brancos são como nossos irmãos
Sempre do nosso lado, sempre nos dando a mão
Ensinando e aprendendo é um civilizado
Podíamos viver assim, mas alguém não quer
E isso realmente nos deixa muito machucados
A nossa paz avaliada se você quiser

(Refrão)
Quantos modelos negros temos em capas de revista?
Quantos de nós geralmente são alvos da Justiça?
Quantos irmãos têm a sua rica faculdade?

Quantas crianças cheiram cola no centro da cidade?
Na senzala da desgraça, me diga quem morava?
E na favela, senhora, me diga quem mora agora?

Quantos negros representam o povo no Congresso?
E, na bandeira, o que seria "Ordem e Progresso"?
Se o mundo anda e o Brasil não sai do lugar
Algo tem que mudar, não dá pra esperar
Mas já choramos tudo o que havia pra chorar
Agora estamos na chuva e é pra se molhar
Vamos nos unir, começar a acreditar
Que chegou o fim e algo vai mudar
Então, irmãs e irmãos, vamos estudar
Mostrando que a realidade dá pra se sonhar
E que, além de inteligentes, somos competentes
Até que ponto e aonde nós podemos chegar

(Refrão)
Já falamos tudo o que havia pra falar
Thaíde e DJ Hum agora vão sair do ar
Humildade e coragem são nossas armas pra lutar
E a fé em Deus que algo vai mudar
Algo vai mudar, custe o que custar
Nós temos a esperança que algo vai mudar
Existem negros e brancos
Todos morrem em uma mesma guerra
E as gotas de sangue são iguais:
São vermelhas

11

"NÃO SEJA TOLO"

(Álbum *Humildade e coragem são nossas armas para lutar* - 1992)

Minha religião é o candomblé, mas quando escrevi essa letra eu tinha acabado de ler boa parte da Bíblia, por pura curiosidade. Não a li inteira, mas li metade, talvez um pouco mais que isso, e vi coisas muito interessantes, que me deixaram inspirado.

Então comecei a pensar na ideia de escrever uma letra sobre religiosidade, mas sem ficar preso a nenhuma religião específica, respeitando todas as crenças. Deixo isso claro quando digo que "Deus existe pra todos e de várias formas". O meu propósito foi unicamente o de propor uma reflexão sobre princípios, valores, espiritualidade. E não sobre religiões ou dogmas.

Alguns versos que eu coloquei nessa letra, mas admito e quero deixar registrado aqui que não sou o autor deles (*risos*). "Todo homem quer ser rei, todo rei quer ser Deus, mas só Deus quis ser homem". Eu me lembro muito bem onde li essa frase: em uma placa que estava exposta em uma banca de jornal próxima à famosa esquina das avenidas Ipiranga e São João, no centro de São Paulo.

Mesmo sem saber quem era o autor dessa frase, tomei ela "emprestada" para colocar na letra de "Não seja tolo".

Demorei mais de vinte anos para descobrir, por meio das pesquisas referentes à formulação deste livro, que o verdadeiro autor desse aforismo é o teólogo, escritor e professor Leonardo Boff. E a frase original por ele escrita, na verdade, é um pouco diferente: "Todo menino quer ser homem. Todo homem quer ser rei. Todo rei quer ser Deus. Só Deus quis ser menino".

NÃO SEJA TOLO

(Autoria: Thaíde)

Preste atenção, isto é bom para você
Precisa escutar direito pra poder entender
Não importa seu sexo, idade ou cor
Cada homem ou mulher tem o seu valor
Não sou reverendo, nem tampouco ditador
E nem tudo o que eu faço é em nome do amor
Mas de uma coisa eu sei que estou certo
Em cada passo que eu dou, Deus está por perto
Se hoje não estou rico, tenho uma vida boa
E sempre estou sabendo pra que lado eu devo ir
Já aprendi com quantos paus se faz uma canoa
E, se preciso de ajuda, sei pra quem devo pedir
A pior coisa que existe no ser humano
É pensar em si mesmo e sem fazer o bem
Nos esquecemos do exemplo que Cristo deu a todos
Fez o que fez por seus filhos, e sem olhar a quem
Se o mundo não melhora, vamos melhorar o mundo

O mundo interior que eu sei que todos têm
Feche os seus olhos, reflita, podem ser todos juntos
E não tenha vergonha de dizer "amém"
Se acha que é tudo besteira e ri da minha cara
Então te digo, meu irmão:

(Refrão)
Você não está com nada!
Nada

Deus existe pra todos e de várias formas
Cada povo tem culturas a se dividir
Cada religião já tem a sua crença certa
Então quem somos nós para os reprimir?
Vingança é bom, perdoar é melhor
Perdoe seu semelhante, nunca fique só
O perdão é o espírito de inteligência
Sabedoria de conselho e de fortaleza
Nunca diga você mesmo que não é capaz
Capacidade é como o sangue, ela não se desfaz
É só começar a confiar em si mesmo
E então realizar o que está pretendendo
Nunca deixe uma pessoa passando fome
Aonde come um, dois também comem
Pois todo homem quer ser rei, todo rei quer ser Deus
Mas só Deus quis ser homem

Não seja tolo a ponto de acreditar

Que a sua heresia pode te salvar
Porque a tolice e a sabedoria são bem diferentes
Se você não entende, eu vou te explicar
A língua do sábio adorna a sabedoria
Mas a boca do tolo derrama hipocrisia
Uma língua saudável é árvore de vida
E a língua do tolo aumenta todo dia
O tolo despreza a correção do seu pai
E só vai dar importância depois que o pai morrer
E aí, meus amigos, não adianta, é tarde demais
E o tolo não sabe *aonde* pode recorrer
Na casa do justo existe um grande tesouro
E nos frutos do tolo, muita perturbação
Os lábios do sábio derramam o conhecimento
E o coração do tolo já não tem razão
Você não acredita?
Então eu te digo, meu irmão:

(Refrão)
Você não está com nada!
Nada

(Fala)
Bem-aventurados os que enxergam direito
E o caminho da honestidade
Há caminhos que parecem certos ao homem
Mas todos os caminhos o levam à morte
Às vezes, dizemos coisas que magoam pessoas

Nunca ouvimos a voz de Deus e Ele é eterno
Por que, então, não seguimos o seu exemplo?
Ele criou o homem à Sua imagem e semelhança
E o homem criou o dinheiro
Então nos tornamos diferentes do Criador
Fazemos perguntas e não obtemos respostas
E para todo o sempre, passado, futuro e presente
Estaremos ligados a este enigma
Se você acha que é besteira e ri da minha cara
Eu não posso fazer nada, a não ser dizer
Que você não está com nada!
Você não está com nada!

"EU JÁ CAÍ
NO CHÃO,
SÓ QUE
ME LEVANTEI
EU FAÇO
MEU SISTEMA,
EU DITO
A MINHA LEI."

12

"NADA PODE ME PARAR"

(Álbum *Humildade e coragem são nossas armas para lutar* - 1992)

Por volta de 1990, 1991, eu tinha ido fazer um show em Pelotas, no Rio Grande do Sul, e conheci um rapaz chamado Markus Islabon Avelin. Morador de Rio Grande, uma cidade vizinha, ele gostava do trabalho de Thaíde & DJ Hum e me entregou um papel plastificado com boa parte da letra de "Nada pode me parar". E disse algo mais ou menos assim:

– Escrevi essa letra, Thaíde... vê se você gosta...

Eu li na mesma hora e, de cara, já gostei dos versos "Maldade não é a minha intenção/ Mas, se mexer comigo, te farei pedir perdão". Isso já me chamou a atenção. Gostei de algumas coisas, outras eu achei que deveriam ser mudadas, tinham algumas coisas que achei que não combinavam muito, mas no geral gostei bastante.

Então eu fiquei com a letra e, depois, comecei a adaptar e acrescentar a ela o meu jeito de escrever, assim como outras parcerias que fiz em letras anteriores, com outros poetas.

Tem muita coisa minha em "Nada pode me parar", mas eu faço questão de nunca tirar o mérito de quem escreveu, de quem me ajudou. Afinal, se não fosse o pontapé inicial dele, eu não teria gravado essa obra, não posso deixar de expressar essa gratidão. E, queira ou não, a música acabou se tornando um dos clássicos da minha carreira.

Recentemente, depois de muitos anos, fiquei sabendo que ainda em 1991 o Avelin virou policial militar. Atualmente ele é primeiro-sargento lá em Rio Grande e está completando 25 anos de profissão. Até comentei sobre essa ironia com a pessoa que me disse isso... sobre o fato de ele se tornar policial depois de escrever "Nada pode me parar"!

Mas ele é um cara muito gente boa, me tratou muito bem, com muito respeito, e a música dele é um sucesso, um clássico do rap brasileiro.

NADA PODE ME PARAR

(Autoria: Markus Islabon Avelin/Thaíde)

Maldade não é a minha intenção
Mas, se mexer comigo, te farei pedir perdão
Estou sempre na minha, sou muito paciente
Seja claro comigo, não perturbe minha mente
Quando eu quero alguma coisa, eu vou até o fim
E vou te dar um conselho: não duvide de mim
Eu sei me avaliar e sei como ninguém
Ajudo a mim mesmo, pois eu tento me dar bem
Não seja egoísta, divida o que é seu
Sempre pague o que deve, não roube o que é meu
Às vezes me acho louco, às vezes me acho certo
Muitas vezes sou burro; na maioria, esperto
Eu já caí no chão, só que me levantei
Eu faço meu sistema, eu dito a minha lei

Nada pode me parar
O que se faz de errado aqui mesmo será pago
Nada pode me parar

Eu sempre procuro ser um bom amigo
E, se estiver no meu território, eu te protejo do perigo
Eu não quero ver o mal de ninguém
Mas, se pisar em mim, eu piso em você também
Pois agora é tarde demais
Eu ando pra frente sempre olhando pra trás
Hoje em dia não podemos ter confiança
Porque todos nos traem, matam nossas esperanças
Por isso, meu amigo, ouça o meu conselho
Não seja pilantra pra não ficar de joelhos

Se você acha que até agora eu só disse merda, meu irmão
Então pegue esse disco e jogue no chão
Mas se achar que é tudo isso que quer ouvir
Põe o vinil no toca-discos e deixa cair
Todos não gostam de mim, acham que eu falo muito
Alguns já gostam demais, porque também não são mudos
Eu gosto muito de armas, mas não gosto de sangue
Minha família da rua é a minha gangue
Os amigos que eu tenho dá pra contar nos dedos
Meus inimigos dão baixa, quase o dia inteiro
Graças a Deus eu não sou como você
Que sempre quer alguma coisa, mas não sabe o que quer ter
Você pode dizer até que sou filho da ****

Mas eu tenho uma postura e ela nunca muda
Sou o que sou e isso sempre vou ser
Na rua, no rádio, jornal, revista e TV
E não precisa ficar ofendido
Eu vou contar até doze e parar o meu míssil
Um, dois, três, quatro, cinco, seis
Sete, oito, nove, para doze faltam três
Já disse o que eu queria, vou me descansar
Você já me conhece, não vou me apresentar
E pra você não se esquecer, eu vou te lembrar
Eu sou a própria morte, você não pode me matar
Tenho a cabeça dura, não tente me mudar
Eu sou assim mesmo e nada pode me parar

13

"BRAVA GENTE"

(Álbum *Brava gente* - 1994)

Há letras de rap que uso para descarregar críticas. Mas também há algumas em que prefiro prestar homenagens. E "Brava gente" nasceu com o propósito de homenagear o povo brasileiro, essa grande massa honesta e trabalhadora que é maioria no nosso país, mas que sofre com injustiças cometidas por uma minoria que detém o dinheiro e controla o poder.

Eu sou um profundo admirador de pessoas guerreiras, batalhadoras, que acordam de madrugada para trabalhar. Pessoas que enfrentam diversas injustiças e adversidades, não recebem a remuneração ou o reconhecimento que merecem e, mesmo sendo desrespeitadas de forma absurda, não se entregam, não desistem de lutar. Não há expressão que defina melhor o que elas são: uma brava gente. A periferia é um reduto cheio de brava gente que a sociedade não vê e não valoriza.

Na segunda parte da poesia, falo sobre os aposentados, que trabalham a vida toda para, depois, serem desrespeitados, justamente quando mereciam descansar em tranquilidade. E cito um episódio ocorrido uns anos antes, em 1991, no governo Collor. Na época, o governo reajustou o salário mínimo em 147%, mas quis dar somente 54% de aumento para os aposentados. Eles tiveram que ir às ruas e recorrer à Justiça para reivindicar seus direitos. Foi um raro caso em que o povo brasileiro venceu uma queda de braço com o governo, porque a Justiça o obrigou a dar os 147% de aumento. Brava gente!

Em 1995, quando eu e o DJ Hum criamos nosso selo fonográfico, decidimos colocar esse nome nele, um nome bem forte e que simboliza o povo brasileiro: Brava Gente. Afinal, era um empreendimento nosso, um selo independente, fruto de muito trabalho. Por meio dele chegamos a lançar o single "Afro-Brasileiro", o álbum *Preste Atenção*, a coletânea *Rima Forte* e o primeiro álbum do SP Funk (*O Lado B do hip-hop*), antes de desfazermos a dupla.

BRAVA GENTE

(Autoria: Thaíde)

Quatro e meia da manhã, hora de levantar
Calor, chuva ou frio, tem que batalhar
Tranca os filhos em casa pra não correrem perigo
Ou trabalham juntos nesse paraíso
Dez ou doze horas ganhadas com muito suor
E você acha que é só? Não!
A batalha mais triste está no seu território
Que, infelizmente, fica em frente ao seu dormitório
Não vá pensando que a vida desses pobres coitados
De repente se transforma em um mar de rosas
E quando será que os relógios da vergonha e da Justiça
Irão acertar as horas?
Enquanto, desse lado, puxamos o barco sem sair do lugar

O outro lado, de braços abertos, fica a esperar
Que os ponteiros se acertem e deem a hora certa
E melhorem a vida dessa brava gente da favela

(Refrão 1)
Que horas são? Não sei responder
Que horas são? Pra que você quer saber?
Provavelmente a hora não vai estar certa
Pra poder melhorar
A vida dessa brava gente da favela
Que sempre espera e não desespera
Vive atado, amarrado, vida longa pra quimera
Enganados cara a cara, como sempre
Sem saídas eminentes

(Refrão 2)
Falo do meu povo
Falo da minha gente
Falo da minha terra
Brava, brava gente

Anos de trabalho sem reconhecimento
Anos e anos de luta e de sofrimento
E no final eles querem sossego e só
E lhes negam 147% do seu suor
Se chove, ninguém consegue dormir
Porque a qualquer momento a casa pode cair
A mãe olha para o filho e reclama

Lá fora tá chovendo, ele sujou o pé de lama
Ela corre, tranca as portas e janelas
Pois está ouvindo os tiros
O pai diz que na esquina tem jornais clareados a vela
Essa é a vida rotineira desta brava gente da favela

Que horas são? Não sei responder
Que horas são? Pra que você quer saber?
Provavelmente a hora não vai estar certa
Pra poder melhorar
A vida dessa brava gente da favela
Que sempre espera e não desespera
Vive atado, amarrado, vida longa pra quimera
Enganados cara a cara, como sempre
Isso já não surpreende

(Refrão)
Falo do meu povo
Falo da minha gente
Falo da minha terra
Brava, brava gente

Às quatro e meia é obrigado a acordar
E, mesmo assim, tem que batalhar
Às vezes vai a pé, às vezes nem vai
Buzão lotado, cuidado com a marmita pra não amassar
Eu faço tudo isso porque sou muito pobre
Mas eu tenho fé que isso há de mudar

Quando os relógios conseguirem se acertar
Trazendo a esperança, trazendo alegria
Trazendo a bondade, paz e harmonia
Deus, Nosso Pai, é o Senhor do tempo
Deus, Nosso Pai, é o Senhor do tempo
E o homem também diz
Favela é onde moram pessoas com dignidade
Suas crianças sem rumo observam o mundo
Criam alternativas maneiras de agarrar a liberdade
Até que um dia, com orgulho, encontrem o seu prumo
Ligamos a TV e vemos tudo em preto e branco
A vergonha e a Justiça cobertas com um manto
Mas não o manto Divino, como vocês pensam
E sim dos hipócritas que nos argumentam
Existe código de tudo que se possa ter
E a cada dia nasce outro, isso nos impressiona
Nós também temos um código que faz temer
É o código do silêncio, esse sim funciona
Nas favelas, nascemos com a educação
Já os ricos imundos, com a discriminação
Não me entendam mal quando eu cito os "R.I.s"
Essa mensagem é só pra quem a carapuça servir
Quando eu digo favela, não é só pros favelados
É também pros mendigos e injustiçados
Que dia e noite, noite e dia, imaginam
Uma vida diferente como seria?
Infelizmente, os relógios sempre se atrasam
Não tem jeito *deles* darem uma hora certa

Digo isso sem apelo e muita coragem
Porque sou fruto e faço parte dessa brava gente da favela

Que horas são? Não sei responder
Que horas são? Pra que você quer saber?
Provavelmente a hora não vai estar certa
Pra poder melhorar
A vida dessa brava gente da favela
Que sempre espera e não desespera
Vive atado, amarrado, vida longa pra quimera
Enganados cara a cara, como sempre
Isso já não surpreende

(Refrão)

14

“SOUL DO HIP-HOP”

(Álbum *Brava gente* - 1994)

Assim como a anterior, esta letra também entra na lista das 'canções de homenagem'. Escrevê-la foi uma maneira que encontrei para homenagear todos os amantes e agentes da cultura hip-hop, principalmente os que vivenciaram comigo a "geração São Bento", que foi uma coisa muito mágica.

A minha relação e a minha história com a cultura hip-hop são uma parada muito louca, pensar nisso me traz um sentimento inexplicável. Eu amo o hip- hop, eu vivo o hip-hop, eu sou o hip-hop. Mais que uma cultura, para mim o hip-hop é um estilo de vida.

Eu e outras pessoas da minha geração tivemos o privilégio de não termos optado pelo hip-hop, mas sim de termos sido "escolhidos" por ele. Despretensiosamente, participamos do nascimento do hip-hop em São Paulo, ao mesmo tempo em que aprendíamos o que de fato é essa cultura transformadora e libertadora.

Imagine a cena: todos os sábados, o imenso pátio do metrô São Bento ficava lotado de b-boys, b-girls, admiradores e curiosos. Várias rodas se formavam e, em cada uma delas, invariavelmente havia um imenso *boombox** rolando funk de raiz, rap e breakbeats**.

Cada gangue tinha agasalhos personalizados, com suas cores e nomes... e rolavam vários "rachas", várias disputas. Era muito legal! Tive a honra de ser um dos fundadores da Back Spin Crew, uma das gangues mais respeitadas da cena, que já passa dos 30 anos de existência e resistência. Mas também havia dançarinos muito bons em gangues como Nação Zulu, Crazy Crew, Jabaquara Breakers e muitas outras.

Também havia DJs, MCs e grafiteiros. No rap e no graffiti, muita coisa boa também saiu da São Bento. Os Racionais MC's frequentaram lá, inclusive também dançaram break. Os Gêmeos também eram presença constante, e até chegaram a dançar break e cantar rap também.

Enfim... As histórias que vivenciamos nos encontros da São Bento foram algo mágico, indescritível. Só quem viveu aquilo sabe do que estou falando.

E, como a cultura hip-hop está impregnada na minha alma, optei por dar a essa música/homenagem o nome de "Soul do hip-hop", fazendo essa brincadeira com a palavra "*soul*" (alma, em inglês), um trocadilho com "sou".

SOUL DO HIP-HOP

(Autoria: Thaíde)

(Refrão)
Soul do hip-hop, soul do hip-hop
Soul do hip-hop, soul do hip-hop

---

* *Boombox* é o nome do aparelho de som portátil, geralmente carregado sobre um dos ombros, que se tornou uma das marcas registradas da dança break e da cultura hip-hop.

** Batidas rítmicas específicas para dançar break.

Quando eu me lembro dos tempos da São Bento
Vamos dizer no começo do movimento
Lutamos de várias maneiras para conseguir nosso espaço
Não acostumados ao fracasso, mas preparados
Para surpresas e avarezas
Nunca muito, nem muito pouco
Mas saímos do sufoco graças ao nosso esforço
Conseguimos jornais, rádios, revistas
Mas ainda é muito pouco
Essa história eu já contei uma vez
Mas eu insisto em contar de novo pra vocês

(Refrão)

A primeira gangue que eu vi na minha vida
Foi no centro da cidade, Nelsão e Funk & Cia
Ignorâncias e brigas tiveram o seu fim
Quando surgiram Street Warriors e Back Spin
Nação Zulu e Crazy Crew também apareceram
Com mais vontade que as gangues que desapareceram
Mas *aonde* vamos dançar em dias de chuva?
Não podemos sair com o box no meio das ruas
Confesso que ficamos perdidos por algum tempo
Graças a Deus, conseguimos a nossa São Bento
Quando vou me apresentar pelo nosso país
Percebo que pra muitos somos como uma lenda
E isso, meus irmãos, me deixa muito feliz

Se você for breaker, por favor, não se arrependa
Frutos de uma sociedade totalmente falida
Que também é falsificada, podre e bandida
Somos mentes evoluídas no verde e amarelo
Somos quadros bem pintados por um artista cego

(Refrão)

Ricos de cultura e financeiramente pobres
E pelo break lutaremos até nossa morte
Não precisamos de armas letais
Isso nós deixamos pra trás
E não pensamos nisso por nenhum momento
Vamos começar nossa roda de break!

As nossas armas são essas: leitura, giro de cabeça,
Boogaloo, giro de costas e moinho de vento
Em cada canto do mundo existe música
Em cada canto do Brasil sempre vai existir
Em cada canto que tiver esperança pura
Um novo breaker sempre irá surgir
Grafiteiros conseguiram com exclusividade
Espaços em branco nos muros da cidade
Onde expressam com amor e carinho
Protesto, poesia, fantasia
E, é claro, muita verdade
Somos das ruas, nas ruas vivemos e aprendemos
Lutas e lutas, graças a Deus hoje estamos vencendo

Jovens oprimidos e sem opção
Fizeram de um movimento sua expressão
Movimento hip-hop, assim foi chamado
Mais tarde, pode crê, ficou consagrado
Breakers, grafiteiros, DJs e MCs
Somos todos das ruas e estamos aqui

(Refrão)

Aqui na nossa ou aí na sua cidade
Tem um irmão que já se foi e que deixou saudades
Não fique triste porque ele deve estar lá em cima
Ensinando o movimento pras autoridades
Abençoados sejam eles lá em cima e nós aqui embaixo
Que não sabemos o que significa fracasso
E, no anonimato, sempre viemos lutando
Hoje conseguimos nosso espaço
Começamos dançando nas ruas
E batendo em latas de lixo
Sempre estive com vocês; e vocês, comigo
Não desistiremos tão fácil, como muitos querem
Pois quem se feriu com ferro, com ferro fere
Respeitamos os jovens e todas as gerações
Mas os jovens b-boys serão sempre os campeões
Movimento hip-hop, melhor que ti não existe
Minha plena certeza não me impede de dizer
E aproveitando a todos que me ouvem e me assistem
Eu nasci com você, e com você eu vou morrer

Rap é minha música, break é minha dança
Hip-hop, o movimento que aprendi desde criança
E minhas palavras são imutáveis como a Lua
Os breakers do Brasil são meus irmãos de rua

(Refrão)

15

"PARÁBOLA DOS BICHOS"

(Álbum *Brava gente* - 1994)

Brava gente foi um álbum em que eu comecei a me desafiar como poeta e quis fazer umas letras diferentes, mais complexas e criativas. Até mesmo mais "complicadas", como é o caso desta.

Foi nessa época que algumas pessoas do hip-hop brasileiro começaram a se envolver com partidos e pessoas do meio político, e com isso pudemos perceber como funcionam alguns esquemas, falcatruas e manipulações.

Também me inspirei na própria complexidade da conjuntura política e econômica do país, em que dificultam tudo para que nós, o povo, não consigamos enxergar ou entender como funcionam as coisas. E vale tudo pela sobrevivência nessa selva, essa imensa "cadeia alimentar" em que, se formos reparar bem, somos todos tratados como bichos.

Então me surgiu essa ideia de fazer uma imensa parábola, em que cada animal representa um elemento da sociedade. Eu me lembro que foi bastante complicado formular esta letra sem que ela deixasse de fazer sentido e sem dificultar demais para que as pessoas pudessem entendê-la. Até incluí um "glossário" indicando o que cada animal representa, para facilitar a compreensão.

Deu um trabalhão escrever "Parábola dos bichos", mas fiquei bastante satisfeito com o resultado. Inúmeras pessoas já comentaram comigo sobre o que entenderam desta letra e até mesmo trabalhos de faculdade foram feitos com base nela. Às vezes, o sentido da interpretação difere um pouco do que pensei, mas também se torna interessante. Eu já imaginava que caberiam leituras diferentes sobre algumas metáforas. Tanto que, no encarte do disco, até deixei a sugestão para que cada ouvinte desse seu próprio significado para o que cada animal representa.

PARÁBOLA DOS BICHOS

(Autoria: Thaíde)

Deus não deu asa à cobra, mas deu língua grande ao burro
Que, com orelhas caídas, se perde entre quatro muros
Inveja a cobra, que é rápida e rasteira
E vai continuar invejando a vida inteira
O burro, em companhia de outros animais,
Faz a vida da cobra ser ruim assaz
O tubarão sempre acinte à cobra
Quando os dois se trombam em algum lugar
Querendo algum motivo para expugnar
E o leão, se achando o dono de tudo, ô bicho rabudo
Impede a cobra de sua vida facilitar
A cobra tenta se esgueirar entre obstáculos
Encontra o polvo que, com seus tentáculos,
Protege a cobra contra o escorpião
Que não pode ver uma cobra, se invoca na hora
Arrumando algum motivo para feri-la com o seu ferrão
O polvo percebe que a cobra é um animal como ele

E não se importa com a cor, se é preta ou se é verde

(Refrão)
Deus não deu asa à cobra, Deus não deu asa à cobra
Não deu asa à cobra, mas deu língua grande ao burro

O burro é burro aqui e em qualquer lugar
A cobra não voa, mas sabe se arrastar
Hoje o burro chutou a boca da cobra
Que juntou forças pra dar o seu bote, que é como foice
Mas o polvo tá todo assistindo na folia
E o burro viu que nada o salvava, nem o seu coice
O burro, nervoso, se descontrolou
E seu parceiro escorpião foi obrigado a levá-lo preso
O burro foi solto e aprontou de novo
Ele ainda não pagou o preço
E parece que o burro não vai aprender tão cedo
Pois, mesmo ele sendo preso,
Mandou avisar que vai aprontar tudo outra vez
O escorpião sabe de tudo e tudo vai apoiar
Mal sabem eles que o polvo e a cobra estão prontos para revidar

(Refrão)

Deus não deu asa à cobra, mas deu língua grande ao burro
Que fala demais, se perde entre quatro muros
A cobra não se perde e nem teme a morte

Fica sempre esperta, pronta para dar o bote
O polvo, por sua vez, tem braços fortes
E, com a cobra, constrói cidades para outros bichos
Não importam sua espécie ou cor
O escorpião e o burro, com o leão e tudo
Disseram que só deixam os dois amigos
Andarem na cidade que fizeram, se pedirem por favor
Vocês acham que eles vão aceitar essa proposta?
O polvo não se entrega, nem tampouco a cobra
Que, com todo ódio, mandaram um recado para os inimigos:

"Mesmo vocês querendo nos maltratar,
Eu vos abraço, não seja por isso"

A cobra, sem muita paciência, mandou um recado diferente:
"Eu até que me segurei
Ofensas, não esquentei
E sempre me trataram como lixo"

Mas existem limites, então a cobra disse:
"Aqui não é o céu, mas é o meu paraíso"

(Refrão)

GLOSSÁRIO

Deus: Ser supremo
Cobra: negros de sangue, corpo e alma
Burro: racistas e preconceituosos
Tubarão: exploradores do povo
Leão: políticos oportunistas
Polvo: toda população carente
Escorpião: o "sistema"

16

"MENSAGENS PESSOAIS"

(Álbum *Brava gente* - 1994)

Como diz o próprio nome dessa canção, "Mensagens pessoais" nasceu como uma reflexão pessoal, uma espécie de desabafo meio introspectivo. Aqui, escrevi coisas que eu queria falar para mim mesmo.

Mas o rap tem uma característica que eu acho muito legal, que é o fato de eu poder falar no singular e ser compreendido no plural, porque sempre haverá pessoas que se identificam com nossas ideias, pensamentos e experiências.

A gravação musical desta poesia tem um clima bem sossegado e agradável, o DJ Hum acertou a mão e fez um instrumental propício para o ouvinte relaxar, ouvir de olhos fechados e pensar profundamente nas ideias expressadas.

Eu realmente acredito que cada pessoa é responsável por aquilo que conquista – ou não. É claro que existem percalços, injustiças e pessoas querendo atrapalhar nossa caminhada. Altercações à parte, ainda assim acredito que o destino de cada pessoa depende das escolhas que são feitas e das andanças que são percorridas.

Por isso falo também da importância do trabalho para conseguirmos conquistar o que almejamos. Criei essa consciência desde cedo, ainda na pré-adolescência, e passei por inúmeros bicos: já vendi limão na feira, fui engraxate, servente de pedreiro, jardineiro, faxineiro, entregador, operário... acredito que vencer na vida é conquistar as coisas de forma digna e honesta, sem precisar atrasar o lado de ninguém, e essa é a ideia positiva que tentei mandar nesta letra.

Também aproveitei um trecho da música para refletir sobre as dificuldades que um ex-presidiário enfrenta para se reinserir na sociedade. Por mais que queira se reabilitar de forma honesta, trabalhar e contribuir com a sociedade, ele vai encontrar as portas ainda mais fechadas do que antes de optar pelo crime, vai enfrentar muitos preconceitos e pré-julgamentos. Mesmo assim, ainda é preciso acreditar no ser humano.

Essas são mais algumas das minhas *mensagens pessoais*...

MENSAGENS PESSOAIS

(Autoria: Thaíde)

Há muito tempo eu vivia na dureza e nunca dei moleza
Sempre me adiantei sem atrasar ninguém
Via filmes na televisão e aquela ilusão
Não me afetou e hoje eu sou quem sou
Minha mãe sempre me dizia o que acontecia
Eu acreditava à minha maneira
E analisando, cheguei à uma conclusão
Não poderia ser mais um no mundo, reles vagabundo
E acabar mais cedo de bobeira
Juntei meus conhecimentos, me coloquei em desenvolvimento

Me preocupando com os outros que eram como eu
Normalmente conhecidos plebeus
Sendo obrigados a se adaptarem com a pobreza
Mas tenho certeza que na virada da mesa
Eu vou ouvir a frase "Aquele mano venceu"
E tendo sentido o sofrimento humano
Naturalmente me tornei um poeta urbano
Depende de você pras suas andanças não serem fatais
Essas são minhas mensagens pessoais

(Refrão)
Seja simplesmente você
Há muito mais pra se aprender
Seja você, simplesmente você
Seja simplesmente você
Há muito mais para se viver
Seja você, simplesmente você

Descobri a importância do trabalho, mãos com calos
Não me fizeram desistir da minha ambição
Ser mais homem que o homem que aparecia engravatado
Prometendo, estendendo a mão
Minha religião afro-brasileira tem, como a capoeira,
O poder de iluminar
E me sentindo iluminado, com os meus amigos do meu lado
Ao meu povo mando meu abraço grato e honrado
Orgulhoso por ter tido um líder muito forte
Não famoso, sempre tive vontade

Tive fantasias e sabia que pra satisfazê-las
Teria que ser homem de verdade
Me aprofundei na paciência
Compreensão, inteligência, humildade
Isso resume um homem de verdade
Tenho minhas plenas certezas de que os irmãos e irmãs
Têm a vida repleta de problemas
Mas não se deixam levar pela loucura da resolução
Mesmo estando em constante circulação
Infelizmente, alguns, mesmo sabendo que não podem
Saem loucos jogando brasa em cima de brasa
Trilhando infeliz o caminho da morte
Depende de você pras suas andanças não serem fatais
Essas são minhas mensagens pessoais

(Refrão)

Um homem fora líder
Após vinte anos de cativeiro
Teve a notícia pelo carcereiro
Mal acreditava que depois de uma longa espera
O mundo novamente lhe pertencia
Foram precisos vinte anos para recuperá-lo
E se tornou um cidadão cumpridor dos deveres
E fazia planos os mais corriqueiros
Rever a família, voltar ao emprego
E pra satisfazer, deixar pra trás um pedaço da vida
Que de agora em diante queria esquecer

Então ele saiu fazendo conquistas
Seu destino era outro; sua vida, outra vida
E os sonhos sonhados trocados por outros tornados verdades
Revelando toda a sua capacidade
Procurou a família, família não tinha
Procurou trabalhar, trabalho não tinha
Procurou os amigos, os amigos sumiram
Procurou se aguentar e as pernas tremeram
E o homem arrasado vagou pela vida
Procurando uma forma de viver sem comida
De dormir sem ter teto, trabalhar sem trabalho
Se ajudar sem auxílio e entender a tudo aquilo
E aceitar sem briga
"O perdão faz parte da lei superior"
Tentou descansar e o sono não veio
Tentou blasfemar e a voz não saiu
Tentou se esconder, não tinha refúgio
Procurou esperar, veio o desespero
Foram precisos vinte anos para recuperá-lo
E apenas 24 horas pra tornar a perdê-lo
Depende de você pras suas andanças não serem fatais
Essas são minhas mensagens pessoais

(Refrão)
Seja simplesmente você
Há muito mais pra se aprender
Seja você, simplesmente você
Seja simplesmente você

"AINDA ACREDITO QUE A CULTURA É UM DOS MAIS IMPORTANTES INSTRUMENTOS DE RESISTÊNCIA QUE O POVO AFRO-BRASILEIRO POSSUI, E NÃO PODEMOS PERMITIR QUE ELA SE CORROMPA NEM PERCA SUA ESSÊNCIA."

17

"AFRO-BRASILEIRO"

(Single *Afro-brasileiro* - 1995)

Minha formação religiosa teve início na umbanda e, depois, migrei para o candomblé. Meu instrumento musical número um é o atabaque. Sou Ogan feito, apesar de não vir cumprindo com as obrigações que isso exige – confesso que, por conta dos meus compromissos profissionais, tenho sido um Ogan meio "desnaturado".

Ainda hoje as religiões afro-brasileiras são muito discriminadas e até mesmo "criminalizadas". A expressão "macumbeiro", por exemplo, tem significado pejorativo, mas quem realmente sabe o que é macumba não enxerga dessa forma. Por isso, aceito a expressão: podem me chamar de macumbeiro, podem dizer que cultuo Exu. Sou tudo isso mesmo, com muito orgulho, e bato no peito!

O orgulho de ser afrodescendente e a importância de conhecer, valorizar e perpetuar essas raízes sempre foram algo muito forte na minha vida. E o ano de 1995 foi muito simbólico para todos os brasileiros que, assim como eu, têm sangue africano. Foi o ano em que, no dia 20 de novembro, celebramos os trezentos anos da imortalidade de Zumbi dos Palmares – note que prefiro usar a expressão "imortalidade", e não "morte", como costuma-se mencionar.

Ainda hoje esse importante personagem da resistência negra brasileira raramente tem sua trajetória contada nos livros de História. E, quando as cartilhas dão espaço a ele, nem sempre os relatos são confiáveis ou fiéis aos fatos que realmente aconteceram, porque é a versão da história contada pelos vencedores. Por isso, nesta letra fiz questão de contar quem foi Zumbi dos Palmares do ponto de vista dos negros, além de ressaltar sua importância histórica.

Termino a poesia mencionando as formas de resistência que temos hoje, estabelecendo uma conexão entre os atabaques, as rodas de capoeira e o rap. Ainda acredito que a cultura é um dos mais importantes instrumentos de resistência que o povo afro-brasileiro possui, e não podemos permitir que ela se corrompa nem perca sua essência.

AFRO-BRASILEIRO

(Autoria: Thaíde)

E aí, rapaziada, como é que tá?
Estamos aqui de novo pra tentar fazer você dançar
Como velhos tempos, tempos velhos, velhos quais
Tempos velhos, meus amigos
Pretos velhos que não voltam mais
Ancestrais seguidos de bravos guerreiros
Faziam o Brasil inteiro se curvar
Diante de tal bravura, que loucura
Só pra a todo custo defender aquele lugar
Que, aliás, se chamava Palmares
E foi destruído por um velho
Que não era preto, mas se chamava Jorge
E com sua sorte, nosso azar
Matou todos do quilombo que hoje seria nosso lar
E mesmo assim de novo mostro a vocês, outra vez

A importância de ser negro por inteiro
Reconhecendo o seu valor
E, por favor, respeitando o irmão mais claro
Que está sempre do seu lado
Torcendo pra você vencer
E crê na energia africana
Que emana das sementes espalhadas pelo mundo inteiro
Seja escuro, mas seja escuro e verdadeiro

(Refrão)
Afro-brasileiro!
"Sabe quem eu sou?"
Afro-brasileiro!
"Me diga quem você é"
Afro-brasileiro!
"Somos descendentes de Zumbi, grande guerreiro"

Todo dia, quando vou sair de casa pra rua,
Faço o sinal da cruz pra fazer jus
À fé em Deus e nos Orixás
Sou duro na queda
Porque sou filho guerreiro de Ogum com Iemanjá
E pra injuriar os conservadores imbecis
Tenho orgulho e bato no peito
Sou descendente de Zumbi, grande líder negro brasileiro
Por nossa liberdade enfrentou exércitos inteiros
Mas acabou perdendo a cabeça
E não é a cara dele que eu vejo nas camisetas
Nos *bottoms*, toucas ou bombetas
Nem Ganga Zumba eu vejo nas jaquetas

Até o rap o traiu, importando santos pro nosso terreiro
Que falta de respeito
Por um homem de coragem
Que lutou pelos negros do Brasil inteiro
Meu companheiro ou minha companheira
Não digam besteira, se assumam
Ensinem nossa cultura à sua família
A nossa tradição, a nossa evolução
Tudo isso está em suas mãos
Não é brincadeira não, estou falando sério... eu falo sério!
Noventa e cinco, trezentos anos de Zumbi
Vamos homenageá-lo agindo assim

(Refrão)

Venha que hoje é sexta
Eu vou chamar os refrigerantes
E, pra quem gosta, cerveja
Vamos sentar aqui no chão
Colocar o box do lado
E ouvir um som do Gog, mano enfezado,
Câmbio Negro e Racionais, meu irmão
Afinal, o que é bom tem que ser provado
Tanta coisa boa e você aí parado, acuado
É por isso que insisto, sou um preto atrevido
E gosto quando me chamam de macumbeiro
Toco atabaque em rodas de capoeira
E toco direito, minha cultura primeiro
O meu orgulho é ser um negro verdadeiro

(Refrão)

18

"SR. TEMPO BOM"

(Álbum *Preste atenção* - 1996)

"Que tempo bom que não volta nunca mais." Cada uma com seus motivos, muitas pessoas se identificam com esse refrão. Essa sensação gostosa de nostalgia, de saudades de uma época, mexe com qualquer pessoa. Principalmente quando se fala sobre a infância, provavelmente a fase mais gostosa de nossas vidas...

Eu tive o privilégio de viver a minha na década de 1970, uma década cheia de emoção, suingue e magia. "Sr. Tempo Bom" rapidamente se tornou um clássico na minha carreira. Nessa letra eu lembro dos meus tempos de criança, mas também resgato vários acontecimentos desse contexto, principalmente sobre o que estava se desenrolando na música e na cultura negra, com a explosão do soul e do funk.

Foi a época dos bailes e dos shows memoráveis realizados pelas principais equipes de som da cidade, como os bailes da Chic Show, Ademir Fórmula 1, Tranza Negra e Os Carlos, entre tantas outras. Essa foi uma grande escola cultural pra mim, porque me preparou para conhecer e entender a cultura hip-hop que surgiria no Brasil na década seguinte. Eu até falo desse desdobramento natural da cultura, "porque eu vejo a mesma determinação no hip-hop, o Black Power de hoje".

Outra coisa muito legal foi fazer o videoclipe dessa música, com todo o clima, as roupas e a linguagem dos anos 1970. Ele foi dirigido pela Joana Mazzucchelli, que hoje é uma das mais conceituadas do Brasil na área de vídeos musicais. O clipe se tornou mais especial ainda porque contei com a participação de parceiros-amigos: da Back Spin Crew, de Ieda Hills e Paula Lima, que imortalizaram esse refrão pegajoso e contagiante, e também dos meus amigos King Nino Brown e Nelson Triunfo. Não poderia ter sido melhor!

Apesar da pobreza e da precariedade, minha infância e adolescência foram mágicas e me remetem a muitas saudades. Ah, *que tempo bom... que não volta nunca mais*!

SR. TEMPO BOM

(Autoria: Thaíde)

Que saudade do meu tempo de criança
Quando eu ainda era pura esperança
Eu via minha mãe voltando pra dentro do nosso barraco
Com uma roupa de santo debaixo do braço
Eu achava engraçado tudo aquilo
Mas já respeitava o barulho do atabaque
E não sei se você sabe a força poderosa
Que tem na mão de quem toca
Um toque caprichado, santo gosta
Então me preparava pra seguir o meu caminho
Protegido por meus ancestrais
Antigamente o samba-rock, Black Power, soul

Assim como o hip-hop, era o nosso som
A Tranza Negra é quem rolava as bolachas
A curtição do pedaço era o Lar Croatia
Eu era pequeno e já filmava o movimento ao meu redor
Coreografias, sabia de cor
E fui crescendo rodeado pela cultura afro-brasileira
Também sei que já fiz muita besteira
Mas nunca me desliguei das minhas raízes
Estou sempre junto dos blacks que ainda existem
Me lembro muito bem, o soul e o passinho marcado
Eram mostrados por quem entende do assunto
E lá estavam Nino Brown e Nelson Triunfo
Juntamente com a Funk & Cia, que maravilha!

(Refrão)
Que tempo bom que não volta nunca mais

Calça boca de sino, cabelo black da hora
Sapato era mocassim ou salto plataforma
Gerson King Combo mandava mensagens aos seus
Tony Bizarro dizia com razão, vai com Deus
Tim Maia falava que só queria chocolate,
Tony Tornado respondia:
Pode crê, amizade
Lady Zu avisava: a noite vai chegar
E, com Totó, inventou o samba-soul
Jorge Ben entregava com Cosa Nostra
E ainda tinha o toque dos Originais

Falador passa mal, rapaz
Saudosa maloca, maloca querida
Faz parte dos dias tristes e felizes de nossa vida
Grandes festas no Palmeiras com a Chic Show
Zimbabwe e Black Mad eram Company Soul
Aos 80 comecei a frequentar alguns bailes
Ouvia comentários de lugares, Clube da Cidade,
Guilherme Jorge, Clube Homs, Roller Super Star,
Jabaquarinha, Sasquat, como é bom lembrar
Agradeço a Deus por permitir
Que nos anos 70 eu pudesse assistir Vila Sésamo
Numa década cheia de emoção
Uri Geller entortando garfos na televisão
Dez anos de suingue e magia
Que começou com o Brasil sendo tricampeão

(Refrão)

O tempo foi passando, eu me adaptando
Aprendendo novas gírias, me malandreando
Observando a evolução radical de meus irmãos
Percebi o direito que temos como cidadãos
De dar importância à situação
Protestando pra que achemos uma solução
Por isso o Black Power permanece vivo
Só que de um jeito bem mais ofensivo
Seja dançando break, ou um DJ no scratch
Mesmo fazendo graffiti, ou cantando rap

Lembra do função, que com gilete no bolso
Tirava o couro do banco do busão,
Uma tremenda curtição
E fazia na calça a famosa "pizza"
No centro da cidade, as Grandes Galerias
Seus cabeleireiros e lojas de discos
Mantêm a nossa tradição sempre viva
Mudaram as músicas, mudaram as roupas
Mas a juventude afro continua muito louca
Falei do passado e é como se não fosse
Porque eu vejo a mesma determinação no hip-hop,
O Black Power de hoje

(Refrão)

(Fala)
Essa é nossa homenagem a todos aqueles que fizeram parte ou curtiram Black Power. Os Carlos, África São Paulo, Ademir Fórmula 1, Kaskata's, Circuit Power, Bossa 1, Super Som 2000, Transa Funk, Princesa Negra, Cash Box, Musicália, Galotte, Black Music, Alcir Black Power e a tantos outros, obrigado pela inspiração.

“INFELIZMENTE, OS TENTÁCULOS DO ‘SISTEMA’ SÃO MUITO SEDUTORES E TENTADORES PARA JOVENS DE PERIFERIA COM POUCA INSTRUÇÃO.”

19

"MALANDRAGEM DÁ UM TEMPO"

(Álbum *Preste atenção* - 1996)

Passei por algumas experiências conturbadas na época em que escrevi as letras deste álbum, o quinto da carreira de Thaíde & DJ Hum. Confesso que eu andava em uma fase muito irresponsável, desanimado com a música e sem qualquer perspectiva. Ficava todos os dias só fumando maconha e vadiando pelas ruas do bairro.

O nascimento da minha primeira filha (Thamires), em final de junho de 1995, trouxe à tona uma responsabilidade que me fez despertar de volta para a realidade e retomar minha carreira. Por isso, muitas letras do disco *Preste Atenção* são introspectivas ou com diversas referências autobiográficas.

"Malandragem dá um tempo" relembra o nome de uma música do grande sambista Bezerra da Silva, mas com um sentido um pouco diferente. Essa letra foi um recado para mim mesmo, mas que eu quis estender a algumas pessoas próximas que vinham me causando preocupação por motivos mais graves que os meus. Pessoas que sempre foram próximas de mim, mas que de alguma forma se distanciaram – enquanto eu tomei o rumo da arte e da cultura, elas preferiram optar pela criminalidade. Infelizmente, os tentáculos do "sistema" são muito sedutores e tentadores para jovens de periferia com pouca instrução.

Uma dessas pessoas era meu primo Rogério, que eu vi nascer e crescer morando na mesma casa, e que estava se envolvendo de forma perigosa com a criminalidade. Eu não pagava as contas dele, por isso não tinha o direito de ordenar que ele mudasse de vida. Então, achei que a música poderia ser uma boa maneira de tentar fazê-lo refletir.

Meu primo entendeu a música e até dizia que "Malandragem dá um tempo" foi escrita para ele, mas não conseguiu mudar seu comportamento nas ruas. O destino foi cruel e hoje ele não está mais entre nós. Pior ainda: pouco tempo depois, meu outro primo Róbson, irmão do Rogério, teve o mesmo fim, também por se envolver com um pessoal que não é do bem. Por isso ainda considero muito importante que essa mensagem chegue aos nossos jovens.

MALANDRAGEM DÁ UM TEMPO

(Autoria: Thaíde)

E aí, malandragem, como tá?
Já faz muito tempo que a gente não tem tempo pra conversar
Aproveitando hoje que você não tá apressado
Me diz como é que tão as coisas lá no seu barraco
Seu pai, sua mãe?
Graças a Deus, tudo bem
Seu mano, sua irmã?
Tão legal também
Certinho. Se o lance é esse, eu fico contente
Afinal, nós somos quase parentes
É ou não é? Diz aí!

Tá estudando, trampando, o que você faz?
Corro atrás do preju, me adianto, nada mais
Pode crê, é assim que tem que ser
Tô ligado no "avião"
Toma mais cuidado, meu irmão
Inclusive é sobre isso que eu quero falar
Tô muito preocupado com a sua pessoa
Crescemos juntos, sempre quis te ver numa boa
Mas parece que você não quer se ajudar, o que é que há?
Você não era de dar sopa pro azar
De repente, ficou diferente
Não troca mais ideia com a gente
Só te vejo correndo pra cima e pra baixo
Angustiado, descarregando o pente
Às vezes, nem me reconhece no meio da rua
Outro dia até me estranhou, qual é a sua?
E você não precisa mentir pra mim
Dizendo que sua família tá bem a pampa
Faz uma cara que você não dá notícias em casa
Se acaba de graça com os manos da sua banca
O que fazer se você escolheu assim
Revólver, pó, pedra, covardia, enfim
Uma vida perigosa pra você e pros outros
Que certamente lhe trará o fim
Há muito que eu venho observando o seu movimento
Malandragem dá um tempo

(Refrão)

Tô cansado de pagar um sapo
Te adianto um lado, não vejo resultado nenhum
Tô cansado dessa porra, de toda essa bobagem
Tô cansado de pagar um sapo
Te adianto um lado, não vejo resultado nenhum
Tô cansado dessa porra, de toda essa bobagem
Treta, malandragem

A goma que cê fez semana passada
É o mesmo quintal que a gente se escondia quando brincava
De esconde-esconde com a molecada
Que mancada, não respeita mais sua quebrada
Até a quitanda, que era a antiga sedinha
Meteu o cano, que decepção, levou mixaria
E o pior é que tirou até de quem não tinha
Gente que tava comprando mistura pra família
Esqueça a ignôrancia, use a cabeça
Aqui passamos a infância, não se lembra?
A gente chegava da escola e batia uma xepa
Depois íamos pra rua soltar capuxeta
Nem aí pro tempo e nem pra ninguém
Dois pivetinhos pobres, mas bem saudáveis, amém
Mas todo pivete cresce e com ele suas ambições
Se vai dar certo ou errado a gente vê depois
Mano, cê foi bem além do que se pensou
A pivetada da área você já recrutou
O Nenê, o Johny, até o Zezinho
Você fez um, dois, três, quatro, cinco aviõezinhos

Não importa o quanto tenha acabado, eu te peço
Por favor, não leve esta pivetada pra dentro desse buraco
Dê uma olhada nesse retrato do meu oitavo aniversário
No nosso tempo, ninguém fez isso com a gente
Seja o que quiser, mas não se esqueça de ser consciente
Rodar pião, bolinha de gude, estrela nova sela
Não tem mais a preferência que tinha na favela
O perigo se tornou o seu principal divertimento
Malandragem dá um tempo

(Refrão)

Veja que ironia do destino
Na brincadeira de criança, você nunca queria ser o bandido
Hoje sempre dá perdido em uns, vende pedra pra outros
Se você sai do buraco, te expulsam do morro
Muitos dos seus camaradas só colam na sua
Quando você tá com dinheiro pra bancar várias cervejas
Ou então também, quando a grana fácil não vem,
Você é o cara que tem como completar a seda
Se mexa, faça algo por si próprio
Tem muitos querendo antecipar o seu velório
O pior é que você deu motivos demais
Largue tudo, saia fora, tente encontrar a paz
Leve junto a Ritinha, que é uma mina decente
E você abandonou grávida alguns meses atrás
Vai na fé, construa a sua família
Seja Ogum, Iemanjá e Erê

Reconstrua sua vida que não está totalmente perdida
E crie bem esta criança que ainda vai nascer
Você deve isso aos seus pais
Que te criaram tão bem, com trabalho e coragem
Com calos nas mãos, te deram educação
Pra que quando crescesse
Com orgulho se tornasse um homem de bem
Acho que já falei demais, agora fica a seu critério
Não quero visitá-lo mais cedo no cemitério
Espero que não fique chateado comigo
Só te mandei essa letra porque sou seu amigo
Vou dar linha, me adiantar como sempre
Mas não se esqueça que você também é competente
Até outro dia, que Deus ilumine seus pensamentos
Malandragem dá um tempo

(Refrão)

20

"MÓ TRETA"

(Álbum *Preste atenção* - 1996)

O propósito desta canção tem muito a ver com a anterior, mas aqui o relato é de uma experiência pessoal. Muita gente me pergunta se isso aconteceu de fato. E eu garanto: aconteceu.

Na época da história contada nesta letra, eu morava lá na Vila Missionária e era um moleque irresponsável, acho que tinha uns quinze ou dezesseis anos de idade. Ainda tinha aquela necessidade de autoafirmação tipicamente adolescente, de querer se enturmar e ser aceito em um grupo. Só que esse grupo era uma rapaziada do crime e eu queria dar uma de valente da quebrada, sabe? Queria mostrar que eu também era bicho solto, mesmo sem ser...

Naquela noite, eu estava a caminho de casa, para chegar e dormir. Então, encontrei o meu camarada Domingão, "que hoje é falecido", conforme até menciono na letra. Ele era catador de materiais recicláveis e só queria pegar uma carroça para dar um rolê, tirar um barato, e me chamou para acompanhá-lo.

E então aconteceu tudo o que está narrado na letra: encontramos o Jonas, que estava foragido da polícia e queria se esconder em outro bairro, o Jardim Edith, a quase dez quilômetros dali. Ele deu a ideia de roubarmos algum carro. Passamos na casa de outro conhecido para pegar umas armas emprestadas e eu nem imaginava que o cara ainda queria resolver um problema pessoal antes de fugir. Eles me largaram no carro achando que eu sabia dirigir, rolaram os tiros e por pouco não sobrou para mim. Mas conseguimos ir embora dali.

Cheguei em casa bastante assustado, jurando para minha mãe que não tinha acontecido nada. Mas ela tinha ouvido os tiros e percebeu que eu mentia. Acho que foi nessa noite que aprendi que malandragem de verdade é viver. Aprendi de uma maneira ruim, mas que poderia ter sido pior – e, felizmente, não foi.

A introdução da música, simulando um programa de rádio, ainda teve a participação do Paulo Brown, que tinha acabado de chegar dos EUA e trazido na mala um dos últimos lançamentos de George Clinton & The P-Funk All-Stars.

MÓ TRETA

(Autoria: Thaíde)

As coisas que passei na vida deixaram feridas
E me serviram de lição, como vocês poderão notar
Nessa ideia que eu vou mandar
Se segura então, vamos lá!
Alguns anos atrás, eu bicho solto demais
Saí da quadra da escola muito louco de cola
Encontrei o meu irmão Domingão, que hoje é falecido
E falou comigo:
"Vamos pegar uma carroça lá no ferro-velho
E dar um rolê na nossa quebrada
Apavorar de madrugada"
Eu não pensei duas vezes, era problema eu e ele

Então descemos o buraco do Bacuri
Em direção à Pedreira, adrenalina na veia
Coisa de adolescente, noite aventureira
Quinta-feira fria de Lua cheia
Falando em frio, ponha mais lenha na fogueira

(Refrão)
Que que houve, diz aí?
"Mó treta"
Quase que eu rodei

Nós dois trocando ideia perto do campinho
Alguém se aproxima, meu mano saca rapidinho
Quem vem lá?
É apenas o Jonas
Um maluco que sempre tava na área, tá em casa

Tô encarqueirado, tô vindo do distrito
Descuidaram de mim, então eu dei um perdido
Tá embaçado pra mim, agora eu sou fugitivo
Tô encarqueirado, como eu já disse
Preciso dum carango pra sair fora pro Edith, mano

Depois que disse isso, fomos prumo área vizinha
Mas antes passamos na casa do Zé Galinha
Que liberou dois oitão e um vinte e dois
Adianta seu lado, mas me devolve depois
Agora a gente tava bem armado

Um com um, um com dois e eu com o meu de embalo
De repente, na esquina a gente vê um Fuscão

É o que liga, esse tá no jeito, Domingão
Força o quebra-vento, deixa a porta aberta
Filma o movimento pra eu fazer a ligação direta
O que primeiro que chegar leva um tiro na testa

Foi aí que eu vi que aquilo não era pra mim
Mas a essa altura já não dava pra fugir
Me dei mal, poderia estar me divertindo
Ou então em minha casa sossegado, dormindo
Nessa hora eu pensei comigo
"Bem feito, quem mandou querer ser malandro demais?"
A coisa complicou bastante, e agora como faz?
Sai dessa então se for capaz!"

(Refrão)

Bom, se eu cheguei até ali, não tinha como desistir
O jeito era prosseguir, mas e aí?
O Fusca quase fura o nosso esquema
Não sei se tava frio, não me lembro qual o problema, me entenda
Entramos no carro, paramos numa rua muito escura e disseram
Vamos buscar aquele safado
Entraram numa viela e dali um pouco
Comecei a ouvir um monte de pipoco
E eu dentro do Fuscão com o meu cano na mão

Os mano que não chegavam, eu querendo queimar o chão
Até que um veio correndo na frente e o outro atrás, mancando
E na bota dos dois, uma pá de fulano sapecando
E eu, que não sabia dirigir
Pulei pra trás do banco e me encolhi
Imaginem só o meu sufoco
Um baleado, o outro pilotando cheirado
E eu sem ter pra quem pedir socorro
Saímos fora rapidinho e fui pra casa muito assustado
Que treta feia eu havia entrado
"Fica esperto, menino, essa noite só foi um aviso"
Passado algum tempo, os manos foram pro saco
Fecharam eles de um jeito que não deu pra acreditar
Então parei pra pensar que rumo tomar
Ou ficava nessa, ou tentava mudar
Se não tivesse mudado, não teria gravado
Meu disco pela Eldorado, também seria finado
Não teria coisas tipo assim como a Back Spin
DJ Hum e os amigos sinceros que são importantes pra mim
Minha família, minha esposa e filha
Enfim, tudo aquilo que até hoje eu consegui
Se tivesse insistido na parada
Com certeza não estaria aqui

(Refrão alternativo)
Pode crê, é isso aí
"Mó treta"
Por isso que eu mudei

"COM DIGNIDADE, FÉ,
CABEÇA ERGUIDA
E DISPOSIÇÃO PRA LUTAR,
TODOS PODEMOS OBTER
NOSSAS CONQUISTAS
E FAZER JUS À VIDA."

21

"DESABAFO DE UM HOMEM POBRE"

(Álbum *Preste atenção* - 1996)

Não foi por acaso que esta música encerrou o álbum *Preste Atenção*, que é o mais reflexivo e autobiográfico da minha carreira. Na verdade, esse "camarada" que eu cito logo ao início sou eu, porque essa foi uma fase da minha vida em que repensei muita coisa e conversei muito comigo mesmo.

Entre 1994 e meados de 1995 vivi uma fase muito sombria, negativa, improdutiva. Estava desanimado com a vida e com o hip-hop. Em sete anos, eu já tinha lançado quatro álbuns e feito muitos shows por todo o Brasil, meu nome já era conhecido em vários lugares, mas mesmo assim eu estava na maior pindaíba. Morava num barraco precário, andava sem dinheiro pra nada, precisei de ajuda financeira do meu ex-sogro e até pensei em parar com a música. Foi a fase que mencionei algumas páginas atrás, em que eu ficava o dia todo vagabundeando pelas ruas. Até que o nascimento da minha primeira filha me despertou para a realidade, mudei de comportamento e voltei a compor.

"Desabafo de um homem pobre" faz uma reflexão sobre todo esse turbilhão de emoções, dificuldades e incertezas que assolam qualquer pessoa pobre. Nesta letra falo sobre os perigos dos diferentes caminhos que aparecem em nossa frente, sobre algumas tentações do submundo, sobre os mil e um obstáculos que precisamos enfrentar para tentarmos ser honestos no

Brasil, sobre a importância da fé e dos valores familiares para não perdermos a lucidez e o discernimento...

Acima de tudo, acredito que esta mensagem é uma injeção de autoestima, uma maneira de fazer as pessoas pobres perceberem que seu valor está no que elas são e no que elas fazem, e não nos bens que elas possuem. Pobreza não é sinônimo de inferioridade nem de falta de capacidade. "Sou pobre, mas não sou fracassado." Com dignidade, fé, cabeça erguida e disposição pra lutar, todos podemos obter nossas conquistas e fazer jus à vida. E acredite: por mais difícil que seja o dia a dia, vale a pena estar vivo!

DESABAFO DE UM HOMEM POBRE

(Autoria: Thaíde)

Certa vez, trocando ideia com um camarada, senti que ele estava muito revoltado com alguma coisa. Então, desabafou:

Está chegando a hora
Tô indeciso, não se fico ou se vou embora
O perigo não pede, implora
Pra que eu decida logo
Se fico olhando ou se jogo
Desse modo, naturalmente, o desespero cresce dentro de mim
E todo dia é assim, é bem difícil pra mim
Com a família em formação, mas com os pés no chão
Vizinhos bons e ruins

Convites pra tretas erradas são constantes
Mas não tô aqui pra roubar pedestre nem ambulante
O lance tem que ser fita grande
O bastante pra não ter que repetir a dose
A tentação é muita só que eu sou mais forte
E acredito na metamorfose
Sei que meus problemas se acabarão um dia
E serei um bom exemplo para minha filha
É o que peço em minhas orações a Virgem Maria
E ao anjo que nos guia
Sou cobaia do bem e do mal, o irmão mais velho da família
Que insiste na luta todo dia
Minha mãe aposta na educação que me deu
Me mostrou os detalhes dos erros que cometeu
E, com certeza, um dos detalhes não sou eu
Muita gente torce pela minha vitória
Se perder, não perco só, existe uma história
Que não foi criada por mim apenas
Penso no pouco que fiz e no muito que posso fazer
Estão querendo me comprometer
Sabem que sou sangue ruim, mas tô sossegado
Meter bronca por aí é coisa do passado
Eu já fiz muito isso, cê tá ligado
Meu santo disse que posso cometer vários erros
Mas não o erro de morrer mais cedo
Em nome de Oxalá eu agradeço
Graças a essa visão ainda não fui pro saco
Sou pobre, mas não sou fracassado

(Refrão)
Mais vale a pena estar vivo
Já brincou muito com a sorte
Mais vale a pena estar vivo
Desabafo de um homem pobre

Vejo na minha área vários tipos angustiados
Correndo atrás de dinheiro pra defender seu lado viciado
E me pergunto se esse é o lugar que eu quero viver
Com fulanos invadindo casas mal-acabadas e barracos de madeira
Tiram de gente humilde e trabalhadeira
Pra defender um maldito prazer
Observo isso muito revoltado
E quando 'os hómi' me param na rua
Me tratam como se eu fosse um daqueles safados
Chegam perguntando:
"Cadê a farinha, cadê a maconha, cadê o cano?"
Eu digo "Senhor, deve estar havendo algum engano"
Ele responde:
"Não tô te perguntando!"
E me dá um pé de ouvido, sabe como é?
O sangue sobe, quero saber o motivo disso
Deve ser porque sou negro e pobre
É por isso que ele se morde
Ele queria que eu tivesse algum dinheiro
Pra me extorquir o ano inteiro
Sujando ainda mais o nome dos seus companheiros

Os que não fazem bico como justiceiros
Sou brasileiro, negro, cidadão honrado
E pobre, mas não sou fracassado

(Refrão)
Acordo de manhã, pego metrô e trem lotado
Se vou de buso, chego atrasado
Tento não atrasar minhas dívidas
Por isso fico na dúvida:
Ou encaro o perigo ou continuo sossegado?
Ganhar mixaria ou correr o risco de ser apagado?
Sinceramente não sei o que faço
Não quero ser mais um na lista de procurados
Olho pra dentro da minha casa
Não é tudo que quero, mas é tudo que posso ter
Pelo menos no momento
No futuro, quero ter tudo que desejo
Vai depender do meu desempenho
Às vezes falta grana e fico mordido
Perco a paciência e qualquer coisa eu brigo
Preciso dar um jeito de parar com isso
Não vou fazer o jogo de quem tá por cima
Querendo que eu me destrua, essa não é a minha sina
Tá embaçado, mas eu vou achar uma saída
É muita coisa impedindo que eu chegue lá
Não tem problema, não desisto, vou continuar
Até que um dia eu seja vencedor
Não me atrapalhem, por favor

Não peço muito, apenas quero ser o que sempre fui
Um simples trabalhador que cumpre com suas obrigações
E não deixa nada pra depois, certo?
Mesmo sendo os políticos o meu maior problema
Vou mostrar que não carrego a fraqueza como emblema
A vontade de vencer está sempre ao meu lado
Sou pobre, mas não sou fracassado

(Refrão)

22

"SEM PROCEDER"

(Álbum *Assim caminha a humanidade* - 2000)

Esta letra foi escrita num momento em que o rap nacional começou a conquistar novos espaços, alçar novos voos, e talvez a ilusão dos holofotes tenha atiçado demais a vaidade e o ego de algumas pessoas que não souberam manter a humildade e os pés no chão.

Quando escrevi "Sem proceder", já tinha visto e vivido muitas experiências em quinze anos de correrias no meio artístico, tanto em cima do palco quanto fora dele. E em determinados momentos vi como algumas pessoas se iludem com facilidade. Presenciei situações desagradáveis, constrangedoras. Tem rapper que, só porque gravou um disco e conseguiu uma pequena fama efêmera, perdeu totalmente a humildade e começou a ter atitudes esnobes, até mesmo a destratar fãs.

Primeiramente, uma coisa que considero fundamental é ter respeito pelo lugar de onde veio e pelas pessoas de lá. Respeitar as próprias raízes, saber reconhecer o valor das pessoas e coisas mais simples que participaram de sua formação. Manter os pés no chão.

No caso do meio artístico, eu também tenho como princípio nunca me esquecer de que todos os fãs são importantíssimos e merecem respeito. Todos, sem exceções. Afinal, antes de conseguir ficar conhecido, quando ninguém ouvia o meu trabalho, foi um primeiro fã que gostou e mostrou pra mais alguém. E assim, tudo o que conquistei, tudo o que alcancei, devo aos fãs, a todos eles/elas. E isso se aplica a todos os artistas: eles devem tudo o que são a todos os seus fãs.

Sou muito grato pelo que os fãs representam não apenas na minha carreira, mas na minha vida. Eu jamais teria o direito de ignorar ou menosprezar alguém. E sei que um minuto de atenção, um abraço, ou posar para um *selfie* com um fã, gestos tão simples para mim, significam muito para ele.

SEM PROCEDER
(Autoria: Thaíde)

No palco da vida, muitas são as decepções. Aplausos, câmera, grana, pessoas de bem mandam suas ações. Palmas pra eles que eles merecem. Palmas pra eles que eles merecem...

Caminhos são milhares, então se liga na parada
Quem quer mais do que pode ter cai numa encruzilhada
Por isso eu digo que o maior perigo
É você se transformar no seu próprio inimigo
Escada serve pra subir, serve pra alcançar
Serve pra descer, serve pra tombar
Buraco, morro, favela, quebrada
Lugar de responsabilidade comprovada
Vacilo existe, infelizmente, e é inevitável

Tem gente que insiste num vacilo lamentável
Na hora do enquadro, "O que foi que eu fiz?"
Acaba comendo capim pela raiz
Só fica o comentário, "Que treta foi aquela?"
Você tombou, sua mãe chorou, aí você já era
Morreu mais um otário que pensava que era esperto
Muita gente vai torcer pra você ir pro inferno

(Refrão)
Sem proceder, malandragem vai cair
Já falei pra todo mundo
Mesmo assim, vou repetir

Ideia certa sabe sempre o que vai falar
Língua comprida se engasga e pode complicar
Ô boca aberta, fecha a boca quando passa por mim
Sou sangue bom, mas pra ele eu sou sangue ruim
Salve salve, eu tô chegando na área
Aprendi a ser sujeito homem na Missionária
Onde tem uma rapaziada que não quer meu mal
Sempre tirando um barato no Bar do Seu Natal
Jogando bola, fazendo batucada
Amigos de responsa tenho no Jardim Jussara
Não importa se é no 27 ou no Bacuri
O importante é que eu aprendi que...

(Refrão)

É ilusão a tal fama e dinheiro
De que adianta tudo isso se não tem respeito
E o que eu vejo é um monte de fedelho
Brincando de faz de conta em frente ao espelho
Tá todo bobo só porque gravou um disco
Passa na rua e não cumprimenta os amigos
Não percebe que assim tá procurando briga
Esnoba todo mundo, tipo rei na barriga
Desce daí! Volta aqui pra baixo!
Mas vem preparado pra tomar um esculacho
Depois da tempestade sempre vem a calmaria
Aí, sim, o resultado que você queria
Muita gente tem fama, atitude não tem
Mesmo fora da linha foi pego pelo trem
Já falei pra todo mundo, mesmo assim vou repetir

(Refrão)

É, a gente tem ficar esperto com a fama e com o dinheiro. Isso muda a cabeça das pessoas. Não deixem mudar a sua também. Seja forte, é isso aí
Já falei pra todo mundo, mesmo assim vou repetir

23

"APRESENTO MEU AMIGO"

(Álbum *Assim caminha a humanidade* - 2000)

"Apresento meu amigo" parafraseia uma brincadeira muito comum na minha infância e na de algumas gerações depois da minha, mas que não sei se as crianças de hoje em dia ainda conhecem. Na gravação musical, essa foi uma maneira de dar um tom mais extrovertido, até mesmo satírico, a um tema sério. Aliás, em todo este álbum fizemos diversas experimentações com novas linguagens rítmicas, poéticas e de conceito artístico.

Nesta letra eu quis dar uma alfinetada em vários indivíduos e falsos malandros que dão mancadas por aí. Desde uns mais leves, que cometem falhas pequenas, até os mais pesados, que são bem mais difíceis de perdoar, como cobiçar a mulher de outra pessoa.

Às vezes alguns conhecidos, pessoas próximas, cometem pequenos vacilos e, dependendo da situação, nos fazem passar vergonha. Pega um trocado emprestado e não devolve, furta varal para trocar por "pedra" (crack), faz fofoca, coisas do tipo. É o tipo de "amigo" por quem até conseguimos ter alguma consideração por conta de outros motivos, mas dos quais preferimos manter certa distância.

Para a gravação da música, convidei o Sombra, MC que tem uma entonação muito diferente e original. Na época, ele tinha estourado no cenário do rap nacional, por conta de seu timbre e seu estilo únicos, que lembram muito um personagem de desenho animado. Ele deu o toque extrovertido que ajudou a fazer esta música ser um dos destaques do último álbum de Thaíde & DJ Hum antes da separação da dupla.

APRESENTO MEU AMIGO
(Autoria: Thaíde)

Eu não posso mais andar com você porque tá embaçado
Seus atos maliciosos, maldosos, 'tão filmados'
Pela rapaziada do mal, do bem
Não vem que não tem, eu tô esperto também
Eu avisei pra segurar sua onda, quer saber?
Agora os manos 'tão tudo em cima de você'
Pediram pra eu dizer pra você não colar mais lá na área
A sua situação tá precária, toma vergonha na cara, se prepara
Vive alugando os outros, agora tem que pagar diária
Xaveco pra te ajudar já não mais existe
Eu sempre te dou um toque, mas você insiste
Persiste e queima o filme como de costume
Comete o mesmo erro, mas nunca assume
Mais que menos, seu veneno, esse toque como apelo
Vacilou, ficou pequeno, pode acreditar
A vacilação é tamanha, faça como o leão da montanha
Saída pela direita antes de eu te apresentar

(Refrão)

Apresento meu amigo
Da onde que ele veio?
De lá da minha quebrada
O que que ele merece?
Pagar pela mancada

Veja bem se tem cabimento
O seu cabrito berrou e atrapalhou o movimento
Então tem polícia lá pra cima, polícia aqui embaixo
Quis mostrar apetite, deixou o mó atraso
Ainda bem que a rapaziada me conhece
Ainda bem que o meu respeito prevalece
Malandragem dá um tempo,
Sei bem o que pretendo
Sempre esperto e cauteloso,
Não me arrependo
Vaivém nas *conversa*, sempre deixa brecha
De olho na mulher dos outros, que atitude é essa?
Até acreditei na sua pessoa
Quase me convenceu que era gente boa
Agora não tem jeito, vai ter que se dar mal
Se casou com a morte e esse é o seu enxoval
Pilantragem é o jogo que você apita
E desse jeito pode crê que não é nóis na fita
Tomou um coro servido da Maria Chiquinha
Viu que lugar de mulher não é mais na cozinha
Botei mó fé em você, mas não teve proceder
Agora todo mundo quer te pôr pra correr

(Refrão)

Olho por olho, dente por dente
Vá buscar refúgio no seu inconsciente
Conte pra gente como se sente
Sendo imprestável, nada eficiente
Não faço questão de ser seu inimigo
Mas você traiu a confiança de um grande amigo
Cadê os vinte conto do mano lá da esquina?
Cadê o bujão de gás da Dona Josefina?
Várias quebradas querem quebrar suas pernas
É o Midas do crack: tudo que toca vira pedra
Roupa, sapato, relógio, televisão
Até os discos raridade do seu irmão
Apronta todas e mais algumas em todo lugar que frequenta
É um cara muito esperto, mas não usa de inteligência
Decadência faz parte da sua história maligna
Vacila tanto que já criou um estigma
Depois desse som é melhor você dar pinote
Se joga, sai fora, queima o chão, *rala os peito*
Sai de fina, vê se eu tô lá na esquina
Porque com certeza a vida te ensina o que é respeito

(Refrão)

24

"SIGA SEU CAMINHO EM PAZ"

(Álbum *Assim caminha a humanidade* - 2000)

Ser criado na favela é ter contato, desde cedo, com o universo da criminalidade. Não porque as pessoas que nela vivem sejam menos honestas do que as dos bairros endinheirados. Não quero defender nem justificar o crime, mas é inegável que muitas pessoas escolhem esse caminho diante do desespero gerado pela miséria e pela falta de instrução e oportunidades. E, mesmo assim, a imensa maioria dos moradores de periferia é gente honesta, trabalhadora, guerreira. É uma *brava gente*!

Esta letra é uma mensagem para mostrar que a vida vale mais do que qualquer ambição material que alguém possa ter, ou do que qualquer rancor que não possa ser perdoado. Quem coloca as armas e injeta a neurose na periferia quer exatamente isso, que os favelados redistribuam entre si toda a violência gratuita que recebem de fora da periferia. Quer que a gente se mate por bobeira ou fique mofando, trancafiado em uma cela.

Conheci o universo carcerário ainda garoto, com menos de dez anos. Eu costumava acompanhar minha mãe e meus irmãos em visitas a um tio que estava preso na famosa Casa de Detenção do Carandiru, que hoje não existe mais. Estive lá até mesmo na rebelião de março de 1982, que terminou com quatorze mortes. Na época, eu ainda não tinha completado nem quinze anos. Felizmente, eu, minha mãe e minha irmã conseguimos sair assim que o motim começou e não nos aconteceu nada de ruim.

Não há como gostar do ambiente prisional. Até mesmo as visitas são humilhadas na hora da revista. Os guardas rasgam pacotes, esfarelam o bolo, submetem os familiares de presos a situações vexatórias. E lá dentro o clima é muito pesado, porque há muito sofrimento e sentimento reprimido em um só lugar, inclusive muita energia ruim. Afinal todos, ou quase todos, estão ali porque cometeram algum crime. Na cadeia, a tensão é constante.

Por isso, esta poesia é um toque para os jovens que estão à mercê da criminalidade, para que pensem bem nos caminhos que querem escolher. Afinal, "a gente vive uma vez só", como canta meu parceiro Lino Krizz. Mais do que isso, essa canção é dedicada aos irmãos e irmãs que estão privados de sua liberdade, e também aos que já estiveram lá e buscam reconstruir sua vida de forma digna e honesta.

SIGA SEU CAMINHO EM PAZ

(Autoria: Thaíde/Lino Krizz)

Siga seu caminho em paz
Buraco, morro, favela, quebrada
Lugar de responsabilidade comprovada
Andando a passos largos
Mas com cuidado pra não cair
E não deixar mancada

Dizem que sou um cara muito chato
Desconfiado, acostumado a vencer pelo cansaço
Tenho 32, me sinto muito bem
Quero que muitos cheguem e passem dos 32 também
Baseado em fatos que eu mesmo vivi
Prefiro ficar sossegado, pelo menos assim
Adianto o meu sem atrasar o dos outros
Muitos se deixam levar quando estão no sufoco
Sonham que estão no mar de rosas
Quando acordam, percebem que estão no fundo do poço
Com a corda no pescoço,
Sangue no olho, chega chegando, lei da sobrevivência
A causa principal de toda essa violência
Pra usar uma arma não precisa experiência
E pra resolver na conversa não existe paciência
Muita gente de valor desapareceu
De lá pra cá quem sobrou você, eu...
Quem apanha não se esquece de quem bateu
E foi assim que muita gente morreu

(Refrão)
A gente vive uma vez só
Sei que está numa pior
Se não quiser me ouvir, até mais
A gente vive uma vez só, sei que está numa pior
Pode ir daí que eu vou daqui
Siga o seu caminho em paz

A firma é grande, tem vários funcionários
Contabilidade, o acerto do lucro diário
Nenhuma das partes pode quebrar o tratado
Daqui pra baixo é seu, daqui pra cima é meu lado
O respeito do limite pode evitar as tretas
No Patente, Heliópolis ou na Ponte Preta
Mas em todo lugar tem sempre um otário que deixa furo
Malandro demais querendo levar rapaziada pra grupo
Compra de dez, olha pro lado, põe cinco no bolso
Compra pros outros, fica com tudo, esse cara é louco
Pensa que dificilmente ou nunca vai se dar mal
Dinheiro na fita e as minas só pagando um pau
Chega no gueto cheio de coisa e tal
Escorrega, cai e acaba na horizontal
A primeira faz pá, a segunda faz bum!
E pã, pã, pã, pã... lá se foi mais um
Em boca fechada não entra mosca
Já diz velho ditado: *jacaré que dorme vira bolsa*
Daí me perguntam o que aconteceu
Então respondo, foi assim que muita gente morreu

(Refrão)

Somos empurrados de encontro ao abismo da miséria
A esperança em dias melhores já era
Ainda mais quando é perto do Natal
Infelizmente é quase sempre tudo igual

Bate o sino pequenino, sino de Belém
Já nasceu o Deus-Menino para o nosso bem
Emprego não tem e muitos entram em desespero
E o preto pobre é quem se ferra primeiro
Crianças reviram o lixo tentando sobreviver
Quinhentos anos de extermínio, comemorar o quê?
Querem que eu pense que sou a doença do mundo
E saia por aí pro tudo ou nada, de arma em punho
Pegando o que não é meu, mas isso eu não faço
Eu tô aqui pra vencer e não pra ser um fracasso
Eu vou lutar, incansável, todos os dias
Meu povo não merece tanta covardia
Não dê bola pra derrota, minha irmã, meu irmão
Se afaste de tudo que é ruim, não encomende seu caixão
Os que controlam o país querem te ver no chão
Te jogar e deixar trancado pra sempre numa prisão
Vão te chamar de ladrão, vai dormir no chão
Sem colchão, enquanto escolhem sua condenação
Só depois você vai perceber que não percebeu
Que foi assim que muita gente morreu

(Refrão)
A gente vive uma vez só
Sei que está numa pior
Se não quiser me ouvir, até mais
A gente vive uma vez só, sei que está numa pior
Pode ir daí que eu vou daqui
Siga o seu caminho em paz
—

"ALÉM DE SER
UMA DAS MAIORES
MANIFESTAÇÕES
DA ESTUPIDEZ HUMANA,
O RACISMO TAMBÉM
É COVARDE
E MUITO CRUEL."

25

"SOU NEGRO D+ PRA VOCÊ"

(Álbum *Assim caminha a humanidade* - 2000)

Desde que me entendo por gente, sempre senti orgulho de ser negro, de minhas raízes africanas. Ainda criança, ficava doido quando via qualquer artista que exaltasse o orgulho negro, como Tony Tornado, Gerson King Combo, Jorge Aragão ou Nelson Triunfo. Figuras assim sempre me atraíram e me despertaram muito orgulho.

Além de ser uma das maiores manifestações da estupidez humana, o racismo também é covarde e muito cruel. Isso faz com que muitos irmãos e irmãs negras tenham sua autoestima rebaixada, sintam vergonha de ser como são e tentem imitar padrões de beleza e de comportamento dos brancos para ser aceitos. Isso é uma coisa que me incomoda muito, porque é maravilhoso ser preto e sentir orgulho disso, como diria James Brown ("Say it loud, I'm Black and I'm proud!").

Quero destacar aqui que não sou a favor de segregação, separatismo ou isolamento, nem de devolver o racismo com outro tipo de preconceito. Apoio a miscigenação quando ela é pura, verdadeira, como digo nesta letra. Mas não quando ela é uma maneira do negro tentar fugir de sua raiz africana.

Convenhamos que, principalmente no meio artístico e no futebol, muitos pretos que conseguem certa fama e dinheiro passam a se comportar como brancos e tentam esconder ou maquiar sua negritude. É o caso do que eu chamo de "kit fama", por exemplo. Tem jogador de futebol que, quando fica rico, chuta a mulher negra que sempre o acompanhou e logo arranja uma loira para ostentá-la como um troféu, como símbolo de um novo status.

Também existe no Brasil uma perseguição cruel às religiões afro-brasileiras, que têm sua essência deturpada e reduzida a rótulos preconceituosos, como "macumba" ou Exu, por exemplo. O verdadeiro significado dessas palavras não tem nada de pejorativo, como muita gente pensa. Eu não me curvo a isso e digo: "Sou macumbeiro mesmo", com muito orgulho! Minha religião é o candomblé e não tenho nenhuma vergonha disso. Mas muitos negros famosos também são e escondem isso, se reprimem. Eles veem sua raiz africana ser marginalizada e aceitam isso, se silenciam. Não percebem, mas dessa forma acabam compactuando com o preconceito e contribuindo para que ele se perpetue.

Essa letra é uma mensagem para que essas pessoas reflitam, consigam sentir orgulho de ser como são e assumam todas as formas possíveis de viver e manifestar sua negritude, seja na cultura, na religião ou em qualquer outro segmento ou situação.

SOU NEGRO D+ PRA VOCÊ

(Autoria: Thaíde)

Irmão, irmã, assuma a sua mente
Eu sei que você é inteligente
Infelizmente tem uma pá de Judas por aí
Mesmo não querendo eles vão ter que me ouvir
Viver intensamente é o meu objetivo
Se sou feliz assim como sou, é porque tem motivo

Meu instinto guerreiro tá no sangue
Pra mim não basta apenas ter a cor predominante
Não, não tem como fugir daquilo que a gente é
Se aceite ou seja escravo pra sempre, se você quiser
Dentro do bus, uma vez, eu vou dizer pra vocês
Confesso, tive que contar até três pra não fazer besteira
Uma pretinha falava pra sua parceira:
Ih! Preto? Não namoro nem por brincadeira!
Tem também o idiota que saiu na revista
Dizendo que negra tá fora da sua lista
Demente, diz que quer a outra porque é mais inteligente
Mais uma ovelha branca prejudicando a gente
Sua atitude doente vai te levar à loucura
E seu castigo é ter pra sempre a pele escura
Tenho razão no que digo
Minha intenção é te ofender
Sai fora! Sou negro demais pra você!

(Refrão)
Qual o motivo pra sentir tanta vergonha, negra?
Se vendeu e não quer admitir
Qual o motivo pra sentir tanta vergonha, negro?
Um erro difícil de corrigir
Qual o motivo pra sentir tanta vergonha, negra?
Vou te perseguir o tempo inteiro
Qual o motivo pra sentir tanta vergonha, negro?
Seja escuro, mas seja escuro e verdadeiro

Paga um pau pros brancos, se acha pior que eles
Foi chamado de preto ladrão quantas vezes?
Puxa-saco como é, nem deve ligar pra isso
Acha normal usar elevador de serviço
Sou direto, mesmo não dando nome aos bois
Como a "preta-branca" que, se pudesse,
Morava dentro de um saco de pó de arroz
Pra ficar mais clara passa tanta maquiagem
Que, quando beija alguém, quase gruda a cara
Como não dá pra se livrar da cor preta que tem pelo corpo
Corre na loja mais próxima, compra um par de lentes, põe no olho
E investe fundo neles
Agora a negra se intitula "morena dos olhos verdes"
Eu apoio a miscigenação quando o amor é verdadeiro
Não como fazem muitos negros brasileiros
Ganham dinheiro e logo compram o "kit-fama"
Vem com carro importado, uma corrente de ouro
E uma loira em cima da cama
Pode se morder comigo, eu não ligo
Por esse puxão de orelha você tinha que me chamar de amigo
Tenho razão no que digo
Minha intenção é te ofender
Sai fora! Sou negro demais pra você!

(Refrão)

Ei, ei, não ouviu? Eu te chamei

Olhe pra mim, você que não se enxerga de tão branco que é, negro
Que falta de respeito, decepção, ser traído pelo próprio irmão
Você é muito fácil, quinze moedas te compram
O contrário de corajoso é medroso, covarde
O certo seria cada um fazer a sua parte
Mas você me obriga a fazer a minha e a sua
Você é mais baixo que o nível da rua
Pernilongo, sanguessuga, é pior que inseto
Sinto cheiro de enxofre quando está por perto
Está sempre no mato, mas não é capitão
É excremento deixado por cachorro pelo chão
Vou pôr seu nome lá no meu terreiro
Sou macumbeiro, descendente de guerreiro afro-brasileiro
A pé, de carro, de buso, tomo geral dos 'hóme'
Nem por isso tô por aí escondendo meu nome
Eu passo gingando, provoco, desafio
Eu tenho orgulho profundo de ser assim tão vadio
Sou um neguinho baixinho, muito cabuloso
Eu como a carne toda e te faço roer o osso
Como vê, minha pessoa pode te comprometer
Sai fora! Agora, você sabe por quê? Preste atenção!
Eu sou negro demais pra você!

(Refrão)

(Fala)
A todos os negros e negras que não se assumem.
Prestem atenção no que eu vou dizer, isso é pra vocês:
A tonga da mironga do cabuletêêêê!

"O PRINCÍPIO FOI
PRECIPÍCIO PRA MIM
O HIP-HOP TÁ
NA VEIA E NÃO
VAI TER FIM."

26

"CABOCLINHO COMUM"

(Canção avulsa lançada com o livro *Pergunte a quem conhece* - 2004)

Depois que a dupla Thaíde & DJ Hum se desfez, "Caboclinho comum" foi a primeira canção que lancei. Eu estava em um momento difícil, ainda repensando todo o meu gerenciamento artístico, iniciando a carreira solo. Precisei me reinventar e me reestruturar aos poucos, aprendendo com erros e decepções. A música foi lançada em um CD anexado ao meu primeiro livro, *Pergunte a quem conhece* (2004), escrito por César Alves.

Eu já havia cantado que "sou caboclinho comum" dezesseis anos antes, na letra de "Corpo fechado", que foi meu primeiro grande sucesso e se tornou a principal música da minha vida. Destaque da histórica coletânea *Hip-hop cultura de rua* (1988), foi ela que me tirou do anonimato e projetou meu nome em todo o país.

Se em "Corpo fechado" eu estava me apresentando ("Meu nome é Thaíde"), em "Caboclinho comum" eu relembro parte da minha trajetória artística e de vida, além de relatar as consequências do que aconteceu nesse intervalo, do aprendizado que tive com a escola da vida nesse período. O próprio refrão resume bem essa ideia, quando falo sobre "todas as quebradas que passei", "toda malandragem que hoje sei" e "todas as neuroses controladas".

Também escrevi sobre algumas coisas, situações e pessoas de que eu sentia falta naquele momento, de tempos que não voltam mais, de amizades que se distanciaram e de amigos que morreram... a vida pessoal sempre influencia no lado artístico e vice-versa.

Na gravação da música, contei com a produção de outro DJ que está entre os pioneiros do rap no Brasil, o Grand Master Duda (O Complô).

CABOCLINHO COMUM

(Autoria: Thaíde)

Não vou dizer meu nome, domino o microfone
Hip-hop me alimenta, eu não passo fome
Sou assim, caboclinho comum, feiticeiro do som
Pela high society chamado de ladrão
Problema não, meu orgulho é ser uma pessoa
Que faz coisas que eles não são capazes de fazer
Tipo esse som, por exemplo
Ele é da hora, é do instante, esse é do momento
Você sabe quem eu sou, nada pode me parar
Avise a toda a brava gente que algo vai mudar
A noite vai chegar, um outro dia já vem
Não se esqueça, te quero ver num outro dia também
Certo dia, ouvi da boca da macumbeira:
"Tenha cuidado com a inveja que ela seca pimenteira"
Ligado nesse fato, eu me precavi
Deve ser por isso que estou aqui

Levante a mão pra cima, viaje nesse som
Vamos esquentar o clima, pois isso é que é bom
Sou um senhor na rima, por isso eu tenho o dom
thaideapenasalgumacoisa.com.br
Faço minha parte mandando muita ideia positiva no meu rap
Tenho muito a ser dito e recado pra mandar
Enquanto durar o pulsar da jugular

(Refrão)
Pode crê, todas as quebradas que passei
Pode crê, toda malandragem que hoje sei
Pode crê, todas as neuroses controladas
Pode crê, quase que me perco na calada
Pode crê, o tempo não para pra ninguém
Pode crê, por incrível que pareça, eu não parei
Pode crê, continuo a juntar minhas palavras
Deus e Orixás comigo na caminhada

Há muito tempo na parada, sem parar
Nem ataque suicida consegue me derrubar
Sigo em frente, pra cima, que nem foguete pro espaço
Gosto de fazer sorrir, já disse: não sou palhaço
O princípio foi precipício pra mim
O hip-hop tá na veia e não vai ter fim
Persistente, intransigente, fidelidade, sinceridade
Sou verdade inteligente
Quem não sente a dor da perda no passado aqui no presente
Derrama lágrimas da gente

Festinhas nas quebradas, antigas namoradas
Quando ainda tava completa a minha rapaziada
Hoje um certo vazio me acompanha
A saudade dos irmãos que se foram é tamanha
Meu coração sente uma dor muito estranha
A solidão é uma coisa medonha
Mas encaro numa boa por consideração
Pois na vida há problemas sem muita solução
Abraçar a realidade, andar junto à verdade
E não sucumbir diante da mediocridade
Minha vida é história, segredos levarei
Ninguém é mais negro que eu, não sou mais branco que ninguém
Tentou pisar em mim, mas sabe como é que é
Não é tão fácil assim, na humilde eu tô de pé

(Refrão)

27

"DEUS TÁ CONTIGO"

(Álbum *Thaíde apenas* - 2006)

Falta de instrução, péssima qualidade de vida, saneamento básico zero, descaso político, violência policial, racismo, criminalidade... A periferia é cheia de problemas e injustiças de todos os tipos. Aliada à falta de instrução, a necessidade (ou o desespero) corrompe muitos jovens desde cedo, como se o caminho das armas fosse mais "fácil" que o dos livros. De fato, não por acaso, na favela esse caminho é bem mais acessível e sedutor.

Eu passei por muitos problemas na minha infância e adolescência. Frio, fome, miséria e muitas outras mazelas das quais nem gosto de me lembrar. Muitas situações narradas nesta letra são reais, fazem parte da minha criação, como a história dos ratos que encontrei debaixo do meu travesseiro ou do latão que era improvisado como "banheiro". Na época, eu não conseguia ter nenhuma perspectiva de vida e só ficava me perguntando se chegaria aos quarenta anos de idade ainda naquela situação.

Também já cheguei a pensar em entrar para o mundo do crime. Felizmente, quase me dei mal logo nas primeiras vezes e percebi que aquilo não era para mim. Afirmo isso sem desrespeitar nem julgar quem optou por esse caminho, até porque... quem sou eu para julgar alguém?

Quando conheci a cultura hip-hop, resolvi fazer da arte a minha arma, por meio da dança, da música e da poesia. E isso elevou minha autoestima, abriu minha mente para várias coisas, me despertou para o valor do conhecimento, fez-me acreditar e perceber que sou capaz de alcançar o que eu quiser. Todos nós somos.

Então esta poesia é uma palavra de incentivo para mostrar que, por mais difíceis que sejam as condições de vida na periferia, é preciso que todos os que nela vivem tenham fé e mantenham a cabeça no lugar. É fácil sucumbir ou entregar os pontos, e é exatamente isso que o "sistema" quer. É preciso ser forte para não desistir e acabar caindo nos tentáculos do mal. Seja qual for a sua crença, lembre-se sempre de que *Deus tá contigo!*

DEUS TÁ CONTIGO

(Autoria: Thaíde)

(Refrão)
Vai, corre atrás, você vence
Vai, corre atrás, que Deus tá contigo sempre

Tanta coisa já ficou pra trás e não volta jamais
Momentos tristes, felizes, tanto faz
Eu não me esqueço mesmo é dos *perreio* mesmo
Tem coisas que ficam gravadas na memória mesmo
Tipo o Natal, 1980
Meio barraco coberto por uma lona preta
Meio copo de vinho tinto pra cada um
Sem ceia, sem presente, aí ninguém aguenta
Detalhe: tinha banheiro?

Claro que não
Todo mundo em casa usava o mesmo latão
E eu jogava a sujeira no mato, assim
Latão nas costas
E um monte de merda caindo em cima de mim
Dá vontade de rir e chorar
Nem sei que tipo de sentimento devo manifestar
Aquela casa horrível
Aquele clima horrível
Aquela cara horrível
Aquele cheiro horrível
Pensei muitas vezes, ali, em meio às fezes
"Eu vou morrer aqui, porque sair daqui é impossível"
Mas eu tava errado, totalmente equivocado
Basta ser filho de Deus para ser abençoado

(Refrão)

Um dia, acordo de manhã, tava frio, chovendo
A lona caiu molhando o meu quarto inteiro
Ouvi um barulho estranho, entrei em desespero
Uma ratazana deu cria embaixo do meu travesseiro
Detalhe: eu dormia no chão
Vários cobertores forrando ao invés de colchão
Mas aí, depois a coisa melhorou
Ganhei uma cama dobrável que eu armava no corredor
Em frente ao banheiro, vivia um pesadelo
Pensava nos meus sonhos sentindo o mau cheiro

Do barraco azul, fomos pro sobrado de tijolo
Parecia a torre de comando no alto do morro
Pra trampar, vários quilômetros a pé
Cinco da matina todo dia, mas eu ía na fé
Até as sete da noite, um açoite
O bicho pegava depois do trampo, na volta pra casa
Eu encarava aquela mesma caminhada
Cansado daquele trampo e da rotina, eu pensava
"Será que pra sempre vai ser assim?"
"Será que quando eu tiver quarenta anos, vou estar assim?"
Ainda bem que eu tava errado, equivocado
Basta ser filho de Deus para ser abençoado

(Refrão)

Segue a rima, é a vida
O bagulho é loco mêmo
Alguns meses e ainda tava aí, no mó veneno
Tendo que pagar estúdio, produtor, pensão, aluguel
Minha vida não é inferno, mas também não é um céu
Com todo respeito ao lugar de onde venho
Gostaria de ter vida de artista, mas eu não tenho
Tenho que correr pra lá, pra cá, pra cima, pra baixo
Indo na imobiliária pedir mais um prazo
É água, luz, telefone, descobriram minha 'TV a gato'
Mas firmeza, sou firmeza, eles sabem que eu pago
O som novo tá bombando em todo lugar
Do zero, "Pra cima", é ouro, platina

E assim eu vou seguindo na batalha, sempre em frente
Na certeza de ser o mesmo guerreiro de sempre
As ruas estão destrancadas pra mim como sempre estiveram
Muitos tentaram quebrar a fechadura e já eram
A gente briga entre a gente enquanto os outros se apoderam
Não adianta reclamar, como já fizeram
Cada um faz sua parte que as coisas prosperam
"Não inveje, trabalhe!", foi o que disseram
Olho gordo no que é dos outros é o que isqueiros isqueiram
Minha pele como tapete é o que esperam
Ainda bem que estão errados, totalmente equivocados
Basta ser filho de Deus pra ser abençoado

(Refrão)
Vai, corre atrás, você vence
Vai, corre atrás, que Deus tá contigo sempre

“FAÇA DE CADA TAREFA DO SEU DIA A DIA UM NOVO DEGRAU DA ESCADA DA SUA VIDA.”

28

"NÃO ADIANTA"

(Canção avulsa lançada em cartão digital Coolnex - 2007)

Enfrentei muitos problemas e dificuldades na vida e, como todo brasileiro, continuo enfrentando. Isso nunca vai acabar. Um problema se resolve e logo surge um outro. A vida é uma eterna corrida de obstáculos, sempre teremos que lidar com eles. Se você acha que não tem nenhum problema na vida, é bom estar preparado, porque algum certamente vai aparecer.

É claro que todos nós temos nossos pontos fracos e momentos de fraqueza. Mas não podemos amolecer sempre que surgem os obstáculos. Não adianta chorar, reclamar, ficar amuado. Nenhum problema vai ser resolvido se ficarmos resmungando de cara amarrada e braços cruzados. Principalmente porque é bom lembrar que "tem sempre alguém com um problema maior que o seu".

Percebi desde cedo que nós, principalmente o povo pobre e oprimido, precisamos manter a cabeça erguida e partir para cima. Não podemos aceitar que nos tratem como pessoas inferiores, não podemos acreditar que existimos apenas para servir e não somos capazes de realizar nossos sonhos, porque é isso que os opressores tentam colocar na nossa cabeça desde que nascemos.

Um destaque à parte é que, na gravação desta canção, tive a honra e o privilégio de contar com um *sample* do samba "Não adianta" (1977), do Trio Mocotó, autorizado por eles mesmos. Eu ouvia muito Trio Mocotó quando era um garoto pobre e sem perspectivas, sujeito a desistir de lutar e me entregar àquela condição. E hoje posso afirmar que tenho a honra de ter esses músicos maravilhosos como meus amigos. Conquistei isso porque percebi cedo que *não adianta chorar* e fui batalhar, buscar minhas conquistas.

NÃO ADIANTA
(Autoria: Thaíde)

Não adianta ficar com essa marra, desamarra essa cara
Encara o problema, senão o problema te encara
Se sentir medo, se concentra, pensa um pouco, para
Reconheça seus limites, recua, não dá nada
Amanhã, outro dia, estará fortalecido
Pra acertar dívidas com amigos e inimigos
Vai estar de boa, rindo à toa, protegido da garoa
Feliz por suportar os castigos
Porque com humildade, coragem, verdade, honestidade
A vitória prevalece
Porque a vida ensina em cada esquina
E assina, o que não mata fortalece

(Refrão)
Não adianta (chorar)
Eu já disse pra você
Pare de chorar e de sofrer
Não adianta

Tudo o que viveu não foi em vão
Escute o que diz seu coração
Não adianta...

(Fala)
Independente do que você está passando, vá na fé porque Deus tá contigo
Faça de cada tarefa do seu dia a dia um novo degrau da escada da sua vida
É isso aí!

Dificuldade existe sim, mas eu luto até o fim
Pois foi essa a herança que Zumbi deixou pra mim
Perigosamente acostumado com o perigo
Se eu desistir agora, muitos desistem comigo
Já pensei em parar com tudo
Juro, já pensei
Mas não tô sozinho nessa, por isso que não parei
Todo mundo tem um motivo, procure seu motivo
Se não encontrar um motivo, seja seu próprio motivo

(Fala)
Não adianta minhas palavras se você não acredita em si
Vai em frente, guerreiro, não é brincadeira
Não adianta a caminhada se você pensa e quer desistir
Siga em frente, guerreira, porque

(Refrão)

Não perca a cabeça com coisas que não valem a pena
Tem sempre alguém com um problema maior que o seu
Fique firme, sempre em cena
A esperança só acabou pra quem morreu

29

"RESPEITO É PRA QUEM?"

(EP *Malandragem é viver/ Respeito é pra quem?* - 2014)

Entre as duas músicas que foram incluídas neste EP lançado em 2014, a faixa-título "Malandragem é viver" faz uma denúncia, e "Respeito é pra quem?" tem um tom mais voltado para o desabafo.

Aqui, abordo a questão do respeito, do proceder das quebradas, de saber entrar e sair. É um aprendizado muito importante que tive na vida, sobretudo nas ruas, que são a verdadeira "escola" para muitos filhos da periferia como eu. Esse é um tema recorrente em minha obra e que, infelizmente, de tempos em tempos tem sido preciso relembrar.

Esse desabafo cabe também para o próprio público da cultura hip-hop, que em alguns casos quer exigir respeito sem respeitar outras vertentes culturais. Acredito que existe espaço para que todos desenvolvam sua arte e se expressem sem precisar atacar o trabalho de quem pensa ou faz algo diferente.

Um bom exemplo foi minha parceria com Nasi e André Jung, do Ira!, no início da minha carreira musical, no final dos anos 1980. Diziam que eu não deveria me envolver com "roqueiros brancos", mas eu sempre valorizei a pessoa, o ser humano, independentemente de etnia, classe social ou opção artística. E eles sempre me trataram com muito respeito. Até hoje, tenho a honra de tê-los como amigos. Isso explica os versos "Tem quem ache que eu traí o movimento/ Deve ser porque respeito vários segmentos".

Caso alguém reconheça alguma semelhança com a canção "Reencarnação", de Geraldo Filme, é muito importante registrar: eu me inspirei nele, sim, nos meus últimos quatro versos.

A versão original dele diz: "Quero ser sambista ao renascer de novo/ Pra cantar a alegria e desventura do meu povo/ Quero ter muitos amigos como tenho atualmente/ Cantar samba na avenida e nascer negro novamente". Achei isso forte demais e resolvi parafraseá-lo. Mas que fique claro: peguei essa referência com a intenção de homenagear, e não de "me apropriar" da obra de Geraldo Filme, por quem tenho muito *respeito*.

RESPEITO É PRA QUEM?

(Autoria: Thaíde/Pump Killa)

Não sou lobo, mas sou fera
Rua pura que impera
Vaso ruim, representante e filho da favela
Quero distância de quem dá milho, quem dá guela
Pode ser quem for: pisou, já era!
Tentaram de várias maneiras passar por cima de mim
Viram da pior maneira que não é tão fácil assim
Tentaram várias ciladas pra mim, se pá
Acho que até te convidaram pra participar
Agora fica aí pagando um pau pra mim
Saiba que você é o mesmo que pó pra mim
E todos aqueles que querem o mal pra mim
Quando eu rezo serve de inspiração pra mim

Amigo urso, no caminho, já encontrei um monte
Toda vez que tem espinhos, ele é a fonte
Tipos assim é facinho pra tomar um bonde
De gente podre sinto o cheiro de longe
Respeito é pra quem?

(Refrão)
Respeito é pra quem?
"Pra quem merece!"

Tem quem ache que eu traí o movimento
Deve ser porque respeito vários segmentos
Alguns até têm raiva de mim, não fiquem assim
A culpa não é minha, e sim do meu talento
Ouço vozes, mas não vejo bocas
Sinto mau cheiro, mas não vejo carne podre, só moscas
E a missão nunca se finda
Pra quem acha que sou ruim, eu sou pior ainda
O possível é possível por causa do impossível
É possível ter um som que não seja audível
De cometer grandes erros todo mundo é passível
Nunca vou achar MC de araque nenhum incrível
Quero fazer rap se nascer de novo
Rimando as aventuras, desventuras do meu povo
Ter muitos amigos, como tenho atualmente
Ser respeitado na rua e nascer negro novamente

(Refrão)

"TRINTA ANOS ATRÁS, ACREDITO QUE O HIP-HOP BRASILEIRO TINHA MAIS ALMA. ELE ERA BEM MAIS PURO."

30

"HIP-HOP PURO"

(Álbum *Vamo que vamo que o som não pode parar!* - 2016)

Poucas são as pessoas que podem contar a história das raízes do hip-hop brasileiro. Nesta letra eu quis aproveitar o privilégio de ser uma dessas pessoas, de ter vivido e participado dessa história há cerca de 30 anos, para relembrar alguns valores do hip-hop como cultura.

Assim como em "Sr. Tempo Bom" fiz uma "viagem no tempo" para os anos 1970, dessa vez fui para a época dos encontros na estação São Bento do metrô, a partir de meados dos anos 1980, que marcaram o surgimento do hip-hop em São Paulo. Afinal, não podemos deixar a nossa história morrer nem ser contada por quem não a conhece de verdade. Eu até já tinha lembrado desse período na música "Soul do hip-hop", de 1994.

Em "Hip-hop puro" faço uso de um tom meio saudosista para explicar como as coisas eram, qual era o conceito que tínhamos do hip-hop naqueles tempos. Aproveitei para relembrar algumas expressões da época – por exemplo, os malacos eram chamados de "função" e as garotas, de "Pedrita".

Também fiz algumas homenagens nesta letra. Uma ao J.R. Blaw, que foi um dos primeiros MCs de São Paulo e também já cantava rap batucando nas latas de lixo da São Bento. Infelizmente, esse talentoso mano morreu atropelado em 1990. Se não fosse isso, com certeza ele seria hoje um dos grandes nomes do rap brasileiro. Outra homenagem foi prestada ao Luís Carlos Miéle, intérprete do primeiro rap gravado no Brasil, o "Melô do tagarela".

Há também uma menção especial ao Milton Sales, que é uma pessoa muito importante na cultura hip-hop. Ele já orientou e empresariou vários nomes importantes do hip-hop, como Racionais MC's, DMN e também Thaíde & DJ Hum. Muito politizado, o Miltão era o cara que tomava a frente quando a polícia ou os seguranças tentavam proibir as rodas de break na São Bento. O Miltão debatia com eles e a arma dele sempre foi a informação, ele ensinou isso pra gente. Com ele aprendemos a conhecer as leis, para podermos garantir os nossos direitos.

Nesta letra também dou um "puxão de orelha" em certo tipo de hipocrisia. Muito se falou em não fazer do hip-hop um comércio. Há pessoas que levantam essa bandeira, fazem discurso purista de defensor da cultura, mas na verdade se sustentam dela mesmo que para isso tenham de deturpar seus valores. Isso me incomoda.

Penso que temos, sim, o direito de ganhar dinheiro com a cultura, desde que trabalhando de forma honesta e responsável. Mas sou contra fazer do hip-hop apenas um comércio e nada mais, um produto pasteurizado, ignorando ou desrespeitando sua história. O dinheiro e a vaidade não podem ser prioridade, não podem ficar acima disso, dessa essência.

Trinta anos atrás, quando as coisas eram bem mais simples – e também mais difíceis –, acredito que o hip-hop brasileiro tinha mais alma. Ele era bem mais puro.

HIP-HOP PURO

(Autoria: Thaíde)

Quando eu me lembro dos tempos da São Bento
Vamos dizer, no começo do movimento
Quando nem se pensava em videoclipe
A levada do rap era bem mais simples
Pra chegar ao metrô, eu pegava buso
O trançado no pé, como eu sempre uso
Meus amigos de rua do meu lado
Viajavam no som que saía do nosso rádio
Box pra quem entende do assunto
A todo instante chamados de vagabundos
Muitas vezes alvos de tiração
Por sentir a liberdade dançando no chão
Nem deu tempo, chegaram escudo
Eles, os hóme, querendo acabar com tudo
Um batalhão de soldados na nossa frente
E o Miltão colocando um pano pra gente
Gambé olhava pro rádio, dizia "Desliga isso!"
Então fazíamos o som na lata de lixo
Meu parceiro desafiava o perigo
DJ Hum chegava e ligava os toca-discos
Tudo em nome da cultura, diversão
Atitude, liberdade, informação
Infelizmente isso já faz tempo
Como eu disse, nos tempos da São Bento

Quando nem se pensava em videoclipe
A levada do rap era bem mais simples
Havia pouco graffiti nos muros
Porém o hip-hop era bem mais puro

Quando nem se pensava em videoclipe
A levada do rap era bem mais simples

Hoje tá faltando hip-hop na veia
Muito olho gordo nas conquistas alheias
Não vejo mais break na rua como antes
Mas gente pra mandar no hip-hop tem bastante
Cultura de rua, de fato é a lei
Alguns preferem não dividi-la com ninguém
Não importa a quantia, não importa o valor
Mantenha o verdadeiro hip-hop vivo, por favor
Com unhas e dentes, boombox, correntes,
A garra de sempre, com ódio e amor
Igual no tempo que nem se pensava em videoclipe
A levada era mais simples quando começou
B-boy sendo preso porque tava dançando
E MC que foi morto no vagão do metrô
Tinha pouco graffiti nos muros
Porém o hip-hop era mais unido e puro

Quando nem se pensava em videoclipe
A levada do rap era bem mais simples
Havia pouco graffiti nos muros

Porém o hip-hop era bem mais puro

Visual estiloso, tênis bem louco
Sempre ía pros bailes pra tentar esquecer do sufoco
Trombava as Pedrita, fazia a colê
Aprendi muita coisa fazendo meus rolê
Nas festinhas da quebrada nas casas de família
Eu nem sabia, mas já era fundo de quintal
Então eu, Conti, Espaguete, mais uma pá de moleque
Fundamos nosso grupo Coisa e Tal
Era época também de J.R. Blaw
Espero que esteja em paz com o Pai celestial
Tudo o que eu tô dizendo, te juro,
Não é presente ou futuro, faz parte da fase inicial
É, sim, de morrer de rir
Quando a gente leva a sério o que se passa por aqui
Pega o cobertor, faz uma jaqueta
Traga seus artigos pra fazer aquela treta
Quem já foi função sabe o que quero dizer
Levanta a mão pra cima que eu quero ver
Em nome da velha São Bento
Viajei no túnel do tempo
No tempo que nem se pensava em videoclipe
A levada do rap era bem mais simples
Havia pouco graffiti nos muros
Porém o hip-hop era bem mais puro

AGRADECIMENTOS - THAÍDE

Primeiro, não tenho como deixar de agradecer ao meu grande parceiro Marcos Tadeu Telesphoro, o Marcão.

Meu muito obrigado vai também para Ana Paula Onofre, Barbara Andrade e Cleber Vasconcelos.

Também agradeço a músicos e grupos brasileiros de diversos gêneros e épocas, cujas poesias também foram ou são inspiração para mim: Adoniran Barbosa, Almir Guineto, Arcanjo Ras, Arlindo Cruz, Arnaldo Antunes, Arnaldo Tifu, Art Popular, Baseado nas Ruas, Bezerra da Silva, Black Alien, BNegão, Branca Di Neve, Caetano Veloso, Camorra, Candeia, Cartola, Cassiano, Chico Buarque, Chico César, Chico Science, Chorão, Clara Nunes, Código 13, Consciência Humana, Criolo, Da Guedes, Def Yuri, Dexter, Dina Di, Djavan, Doctor MCs, Duck Jam & Nação Hip-Hop, Edson Gomes, Edvaldo Santana, Ellen Oléria, Elza Soares – a grande Rainha da música negra brasileira –, Emicida, Erasmo Carlos, Exporta Samba, Facção Central, Faces do Subúrbio, Filosofia de Rua, Gabriel O Pensador, Gerson King Combo, Gilberto Gil, Gilson de Souza – o Poeta de Rua –, GOG, Hyldon, Jacinto Silva, Jackson do Pandeiro, Jair Rodrigues, Jamelão, João Nogueira, Jorge Aragão, Jorge Ben, Jovelina Pérola Negra, J.R. Blaw, Kamau, Karol Conká, Lady Zu, Lenine, Luiz Gonzaga, Luiz Melodia, Marcelo D2, MC Garden, MC Jack, MC Marechal, MC Mattar, Michael Sullivan, Monarco, MT Bronks, MV Bill, Nasi, Ndee Naldinho, Noite Ilustrada, O Credo, Originais do

Samba, Padeirinho, Patativa do Assaré – que tive a honra de conhecer pessoalmente –, Paulo Diniz, Pavilhão 9, Pepeu, P.MC, Pregador Luo, Preto Ghoez, Produto da Rua, Projota, Pump Killa, Racionais MC's, Rael, Rapadura, Região Abissal/Athalyba e a Firma, Renan Inquérito, Rincon Sapiência, Roberto Ribeiro, Rodrigo Brandão, Rúbia (RPW), RZO, Sampa Crew, Sandra de Sá, Sem Compromisso, Sensação, Sharylaine, Sistema Negro, Skowa, Slim Rimografia, SNJ, SP Funk, Speed Freaks, Tássia Reis, Tim Maia, Tony Bizarro, Tony Tornado, Trio Mocotó, X (Câmbio Negro), Xis, Z'África Brasil, Zé Keti e Zeca Baleiro.

AGRADECIMENTOS - GILBERTO YOSHINAGA

A minha mãe Luiza, meus irmãos Fábio, Eduardo, Deborah e Daniel, a todos os meus demais familiares e ao Apolo.

Ao professor Thaíde, pela inspiração e por me conceder a honra de participar de mais esta celebração em sua vida e em seus 30 anos de carreira. Banzai! E também a Apenas Produções, nas pessoas de Ana Paula Onofre, Barbara Andrade, Arnaldo Tifu e Pump Killa.

Aos colaboradores desta obra: Chico César, Criolo, DJ Dri, Edvaldo Santana, Hélio (Back Spin), Ieda Hills, Japão (Viela 17), KL Jay, Kurtis Blow, Lino Krizz, Maria Helena Gonçalves, Markus Islabon Avelin, Nasi, Nelson Triunfo, Nino Brown, Paula Lima e Vagner Garcia.

Aos amigos que, de alguma outra forma, também contribuíram para este projeto: André Rossi, Cristian 'Kika' Saito, Danilo Almeida, Jonny Ueda, Toni C (LiteraRua) e Zap-san.

E a todas as pessoas que respeitam, entendem e/ou participam da legítima cultura popular brasileira, em suas mais distintas formas.

Nascido em Mogi das Cruzes (SP) em 1979, Gilberto Yoshinaga é amante da cultura hip-hop desde os nove anos de idade. Jornalista, escritor, radialista e produtor cultural, possui premiações pela Academia Brasileira de Letras (ABL) e já realizou diversos trabalhos voltados para o hip-hop – entre eles, colaborações para o portal Bocada Forte e para diversas publicações no Brasil e no Japão. Também é autor de duas biografias relacionadas a este segmento cultural: *Nelson Triunfo: Do Sertão ao Hip-Hop*, sobre um dos "pais" do hip-hop no Brasil, e *Thaíde: Sr. Tempo Bom.*

FONTE: Myriad Pro/ King/ 7Seconds
IMPRESSÃO: Assahi

#Novo Século nas redes sociais

novo século®
www.novoseculo.com.br